다르게 발명하는 일

K-팔란티어, 에스투더블유의 성공 원칙 7가지

다르게 발명하는 일

명지연 지음 ― 서상덕 감수

매일경제신문사

이 책은 언론인으로선 금과옥조에 해당하는 육하원칙과 연결 지어 이야기를 풀어간다. 일을 할 때 'Who, Why, How, What' 네 가지 중 가장 중요한 것은 'Who(누구)'다. 그 누구는 '나만큼 서로를 믿는 동료'이고, 회사가 해야 할 가장 중요한 일은 직원들로 하여금 조직을 내 편으로 느끼게 하는 것. 그렇게 해야 직장은 '집'이 되고 구성원 각자는 '우리'가 된다는 대목이 전율로 다가온다. 나는 에스투더블유의 이런 휴머니즘적 기업문화가 언젠가는 하버드 비즈니스 스쿨 K-경영학의 모범사례로 소개되리라 확신한다. 대한민국에 벤처의 씨앗이 뿌려진 지 이제 30년, 에스투더블유의 도전은 한국 벤처의 새로운 장을 열고 있다.

손현덕 | 매일경제신문 주필

스타트업 초기부터 에스투더블유에 투자해 코스닥 상장까지 팀의 성장 과정을 가까이에서 함께해 왔다. 나는 30년간 하이브(HYBE)를 포함한 다수 기업에 투자하며 유니콘 기업으로 성장하는 스타트업의 여정을 지켜본 경험이 있다. 그들의 공통점은 신뢰할 수 있는 창업자, 그와 함께하는 팀이 있다는 것이었다. 많은 스타트업이 기술이나 시장이 아니라 조직의 균열로 무너지는데, 에스투더블유는 기술 혁신과 더불어 창업자와 팀의 결속으로 '교과서 같은 성장'을 보여준 보기 드문 사례다. 이 책은 그 여정을 진솔하게 담아내며, 성공을 꿈꾸는 창업가들에게 무엇이 끝까지 회사를 움직이게 하는 힘인지 분명한 방향을 제시해준다.

박기호 | LB인베스트먼트 대표이사

‥‥‥

대학 시절, 카이스트(KAIST) 후배였던 에스투더블유 서상덕 대표와는 인연이 깊다. 졸업 후 우리는 각자 '기술 창업'의 길로 들어섰기 때문이다. 블루포인트는 2024년에 《First Investor, Second Team》이라는 브랜드북을 출간한 바 있다. 스타트업이 초기 투자를 잘하기 위해 고민했던 도전과 실험부터 비즈니스 성장기에 팀 리빌딩이 필요하다는 이야기를 담았다. 그 당시 블루포인트와 고민의 결을 같이 했던 분들께 팀 리빌딩의 모범사례 같은 기업이 있다고 이야기하며 이 책을 건네고 싶다.

이용관 | 블루포인트 대표이사

지금까지와는 '다른 발명'의 세계

'누구'와, '왜', '어떻게', '무엇'을

스타트업이 창업 이후 주식을 발행해 증권시장에 공개하는 과정을 우리는 '상장(上場)'이라고 부릅니다. 신생 기업이 망하지 않고 살아남아 번영으로 이어가기 위해 주주를 맞이하는 일을 '성공'이라고 부른다면, 에스투더블유는 성공한 스타트업이 맞을 겁니다. 에스투더블유는 2018년 9월 창업해 2025년 9월, 정확히 7년 만에 코스닥 기업공개, 즉 '상장'을 했으니까요.

그런데 문제는 기업공개 자체를 스타트업의 창업 목적으로 귀결하는 순간 상장 이후의 비전과 기업의 존재 목적이 불명확해진다는 사실입니다. 만약 대표이사와 주요 창업 멤버들이 '엑시트(exit)'해서 투자금을 회수하고 수익을 실현하고 나면, 그다음은 뭘까요?

이 책에 그 실마리가 담겨 있습니다. 스타트업을 창업할 때, 스몰 비즈니스를 시작할 때, PM(Project Manager)으로 새로운 프로젝트를 맡을 때, 신제품을 출시하고자 할 때… 다양한 비즈니스의 출발점에서 우리에게 가장 중요한 것은 그 시작의 이유와 목적이 명확해야 함을. 그렇지 않으면 내가 한 노력의 결과에 대한 허무함과 자괴감이 쉽게 찾아올 수 있으니 말입니다.

그런 맥락에서 테드(TED) 강연으로도 유명한 미국의 전략 커뮤니케이션 전문가 사이먼 시넥(Simon Sinek)이 쓴《스타트 위드 와이(Start with Why)》가 많은 기업의 필독서로 손꼽히는 이유를 알 수 있을 것 같습니다. 그가 이 책에서 주장하는 주요 개념은 '골든서클(Golden

Circle)'입니다. 성공적인 조직은 '왜(why)'라는 질문에 대한 답을 구하는 것에서부터 시작한다는 내용의 주장을 도식화했죠. 좀 더 구체적으로 설명하면 '골든서클'은 '왜(why)', '어떻게(how)', '무엇을(what)' 이세 가지가 달걀처럼 생긴 하나의 동심원 안에 있는 도식입니다. 달걀의 흰자로 비유할 수 있는 원의 가장 바깥 둘레에는 '무엇'이, 노른자인 가장 안쪽에는 '왜'가 있습니다.

일반적으로 사람들은 어떤 일을 할 때 달걀의 흰자에서 노른자 방향으로 '무엇을 → 어떻게 → 왜' 순서로 생각하는데, 사이먼 시넥은 반대로 노른자에서 흰자 방향으로 '왜 → 어떻게 → 무엇'에 대해 생각해야 그 일을 하는 근본적인 믿음이 흔들리지 않은 채 '왜'에 맞는 행동 원칙을 수립해 '무엇을' 할지 효과적으로 정할 수 있다고 주장합니다. 내가 어떤 일을 할 때 이유가 명확할수록 그 일을 성공적으로 해낼 수 있다는 의미죠.

이 구조에 '누구(who)'를 붙인 것이 이 책에서 소개할 에스투더블유 사람들입니다. 서상덕 대표는 '누구'와, '왜', '어떻게', '무엇'에 대해 생각할 때 생존하고 번창하는 조직을 만들 수 있다고 말합니다. 그리고 그 번창은 단순히 상장기업이 되는 과정 이상의 세상에 관한 이야기라고요.

에스투더블유 방식의 생각 순서

Who → Why → How → What

'나만큼 서로를 믿는 동료(who)'와 함께,

'더 나은 데이터의 미래(why)'를 위해,

'사람 중심의 성장 방식(how)'으로,

'AI와 보안 소프트웨어(what)'를 개발한다.

그렇습니다. 에스투더블유는 'who → why → how → what', 즉,

'나만큼 서로를 믿는 동료'와 함께, '더 나은 데이터의 미래'를 위해, '사람 중심의 성장 방식'으로, 'AI와 보안 소프트웨어'를 개발하는 회사입니다. 이 이야기를 전하고자 저는 서상덕 대표(CEO), 이기욱 최고인사책임자(CHRO), 박근태 최고기술책임자(CTO)를 포함해 모두 8명의 '누구(who)'를 대표하는 에스투더블유 인물들을 인터뷰했습니다. 에스투더블유는 많은 창업자가 '사업 아이템(what)'을 기준으로 고민하는 것과 달리, 서상덕 대표가 어떤 동료들과 함께 일할지를 최우선 기준으로 창업한 특이한 회사입니다.

이는 다른 말로 표현하면 제가 지금까지 알던 스타트업과는 '다른 발명'의 세계였습니다. 그래서 이 책의 독자는 결국 '다르게 발명하길 원하는' 사람들입니다. 스타트업 종사자와 예비 창업자들에게 직관적으로 도움이 될 책이겠지만, 그뿐 아니라 내가 나로서 가장 빛날 수 있는 조직과 회사, 역할과 직무가 무엇인지 알기 원하는 이들을 위해 쓴 책이기도 합니다. 만약 여러분이 지금 '대기업과 스타트업 중 나는 어떤 회사에 더 어울리는 사람일까?', '나는 어떤 팀과 포지션에서 업무 퍼포먼스를 더 폭발시킬 수 있는 사람일까?', '나는 어떤 문제를 풀고 싶은 사람일까?', 나아가 궁극적으로 '그 문제를 누구와 함께 풀 때 행복할까?'와 같은 질문을 던지고 있다면 이 책 속 여덟 명의 인터뷰이를 따라 답을 찾을 수 있을 겁니다.

그리고 그 답을 통해 '이렇게도 창업을 할 수 있구나', '이렇게도 팀을 이끌 수 있구나', '이렇게도 연구를 할 수 있구나', '이렇게도 전세계에 작은 스타트업을 알릴 수 있구나'라는 통찰을 얻게 될 겁니다. 하지만 이 여덟 사람들의 인터뷰 답변은 모두 저마다의 답일 뿐 하나의 완벽한 정답은 아니라는 사실도 꼭 말씀드리고 싶습니다. '누구'와, '왜', '어떻게', '무엇을'이라는 질문을 통해 자신을 이해함으로써 나만의 길을 발견해 그 길을 뚜벅뚜벅 걸어가는 여정을 보여드리고 싶었습니다. 자기만의 길을 발명하고 싶은 분들께 하나의 이정표가 되길 바랍니다.

경청, 존중, 도모, 합심, 탐구, 충실, 그리고 자율

이 책은 에스투더블유가 추구하는 일곱 가지 핵심 가치를 다루고 있습니다. '경청', '존중', '도모', '합심', '탐구', '충실', '자율'이 그것입니다. 스타트업에서 코스닥 상장기업으로 발돋움한 밑바탕이 되었으며, 앞으로의 비전도 여전히 이 일곱 가지 가치와 함께할 것입니다. 그 중심에는 언제나 '사람'이 있을 테고요.

이 책에는 스타트업의 어른들이 등장합니다. 스타트업이라고 하면 청년들이 꿈을 실현하는 젊고 패기 넘치는 조직 이미지가 먼저 떠오르지 않나요? 그런데 스타트업 에스투더블유에는 젊은 청년들의 멘토가 되는 어른들이 그 중심에 늘 함께 있습니다. 그래서 에스투더블유는 '스타트업'과 '어른'이라는 이질적인 두 키워드가 연결된 독특한 문화를 가진 회사라고 볼 수 있습니다.

자신을 '갈아 넣은' 경험이 있는 기성세대 리더들은 이전의 문화를 답습하지 않고도 개인과 조직이 동반 성장할 수 있다고 믿었습니다. 그리고 어쩌면 한국뿐 아니라 전세계적으로 성공한 글로벌 기업이 될 수 있다는 꿈을 품고, 기술을 가진 청년들과 함께 창업을 추진했습니다. 에스투더블유의 CHRO인 이기욱 상무와의 면접은 사내 지인의 추천으로 느닷없이 이뤄졌습니다. 솔직하게 이야기할 수 있던 자리였어요. 벌써 4년이 지났지만, 지금도 여전히 맑게 기억에 남아 있습니다. 한 사람이 다른 한 사람을 온전히 이해하려는 시선, 그 시선 안에서 저 자신에 대해 진실한 이야기를 할 수 있었습니다.

제가 10년 전 첫 직장에서 했던 일은 '화장품 마케팅'이었습니다. 다른 말로는 각 사람의 외적 개성과 장점을 찾아 외면의 아름다움을 극대화하는 일이었죠. 아침마다 제가 큐레이션한 화장품과 제안한 메이크업 노하우로 화장을 하며 피부 고민을 해결했다는 고객들의 후기, 그에 따라 움직이는 매출 그래프를 보며 일의 보람을 느끼던 시절이었습니다. 화려한 것들에 마음을 빼앗겼던 제 20대를 함께 넘어간 회사이기도 했죠.

그렇게 첫 회사에서 눈으로 볼 때 아름다운 것들을 만드는 데 집중하며 살다가, 서른이 넘어 '독서 모임'이란 걸 경험하게 됐습니다. 처음에는 그저 책이 좋아서 갔던 모임이었는데, 그곳에서 외모 너머의 타인을 존중하고 경청하는 태도, 조리 있는 말 습관 등이 아름다운 분들을 만나 매료됐어요.

두 시간가량 진행되는 짧고 굵은 독서 모임에서 만난 그 찰나의 아름다운 공기. 그때의 경험 때문에 이후 독서 모임 서비스 마케터로 이직했습니다. 마케팅은 내가 경험한 무언가를 타인에게 자신 있게 소개하고 팔 수 있어야 하는 직업이라 스스로 '아름답다'고 느낀 것을 좇아 일하는 데 의미를 두고 살았습니다.

여기까지가 4년 전 에스투더블유 면접 자리에서 말씀드린 저의 이전 직장 이야기입니다. 그렇다면 제가 소개하고 싶은 에스투더블유는 어떤 회사일까요? 저도 채용 후에 알게 된 사실이지만, 면접 때 이

   다르게 발명하는 일

기욱 상무는 크게 두 가지 기준을 중요하게 생각한다고 이야기했습니다. 첫째, 우리 조직의 밝은 에너지와 일치하는 사람인가? 둘째, 실력뿐 아니라 안전하게 소통할 수 있는 인성을 갖춘 사람인가?

이기욱 상무는 에스투더블유에서 긍정 에너지를 바탕으로 남에게 도움을 주는 것에 행복해하는 사람들을 모아 서로 경쟁하지 않고 오히려 극도로 솔직해도 되는 '안전한' 조직문화를 구축하고 있었습니다. 그 문화 안에서 구성원 각자가 자기 내면의 안정을 유지하고 스스로 이 조직이 안전하다고 느끼고 행동할 수 있도록 말입니다. 에스투더블유는 그런 사람들이 모여 있는 회사입니다.

조금 이상하지 않나요? 에스투더블유는 지금도 빅테크 기업에 비하면 아주 작은 스타트업인데, 하물며 4년 전 구성원이 서른 명뿐인 규모에서조차 더 치열하게 사업을 수주하고, 최대한 적은 임직원으로 최대 매출을 끌어내 이윤을 추구하고, 어떤 방식으로든 시장 경쟁에서 우위를 차지해야 하는 것에 관심을 두지 않았다니. 에스투더블유의 면접 자리에는 제가 그때까지 경험한 일의 세계에서는 느끼지 못했던 '휴머니즘'이 있었습니다. 이기욱 상무는 일터에서 남과의 경쟁에서 이기고, 나를 더 갈아 넣어서 성과를 낸 경험에는 전혀 관심이 없고, 오직 제가 어떤 사람인지에 대해서만 관심이 있었습니다. 저에게 성공은 무엇인지, 제가 정의하는 행복은 무엇인지 같은 것들 말이에요. 그래서 꼭 낯선 철학자와 대화하는 기분이 들었습니다.

지금은 "UN 및 인터폴과 협업하는 세계 100대 기술 선도 기업", "아시아의 팔란티어", "다크웹 분석에서 시작한 AI 기술 기업" 같은 헤드라인으로 장식된 회사 수식어가 생겼지만, 4년 전에는 아무런 타이틀도 없는 작은 조직이었어요. 화장품 팔고 독서 모임 홍보하다 온, AI 기술에 대해선 그 어떤 배경지식도 없던 제가 무모하게 이 조직에서 일하겠다고 결심한 이유는, 이기욱 상무가 선택한 사람들과 함께 일하다 보면 성공이란 제게 어떤 의미인지 발견할 수 있을 것 같아서였습니다. 그러니까 저는 에스투더블유 입사 면접에서 이기욱 상무를 통해 이 회사의 사람과 문화가 '아름답다'고 느낀 거죠.

지금의 에스투더블유는 국가 안보와 기업 정보 분석을 수행하는 '빅데이터 분석 AI 기업'입니다. 대중을 타깃으로 한 소비재 기업이 고객 데이터를 분석하는 경우는 들어봤어도, '국가 안보를 위한 빅데이터 회사'를 들어본 적이 있던가요? 저는 없었습니다. 해외에서는 데이터 분석 기술과 AI를 결합한 이 특별한 사업을 '데이터 인텔리전스(Data Intelligence)'라고 부릅니다. 에스투더블유는 AI 기술을 근간으로 이 사업을 하는 대한민국 스타트업입니다.

국내에 많이 알려지지 않은 시장인 만큼 에스투더블유의 기술에 대해 먼저 이야기하는 것은 조금 이해하기 어려운 일이 될 수도 있을 겁니다. 하지만 그 핵심 인물이 가진 삶의 서사와 일에 대한 철학을 듣고 있으면 자연스럽게 '나는 인생에서 어떤 가치를 추구하는 사람일까?', '나는 어떻게 일할 때 만족과 기쁨을 느낄까?', '내가 일을 통해 만들고 싶은 인생은 어떤 모습일까?' 등을 곱씹어볼 수 있을 거예요. 나아가 이런 고민은 앞으로 여러분에게 '나와 닮은 회사를 선택할 힘'이 될 겁니다. 이제 그 첫 번째 이야기, 앞서 언급한 제가 존경하는 이기욱 상무 이야기부터 시작하겠습니다.

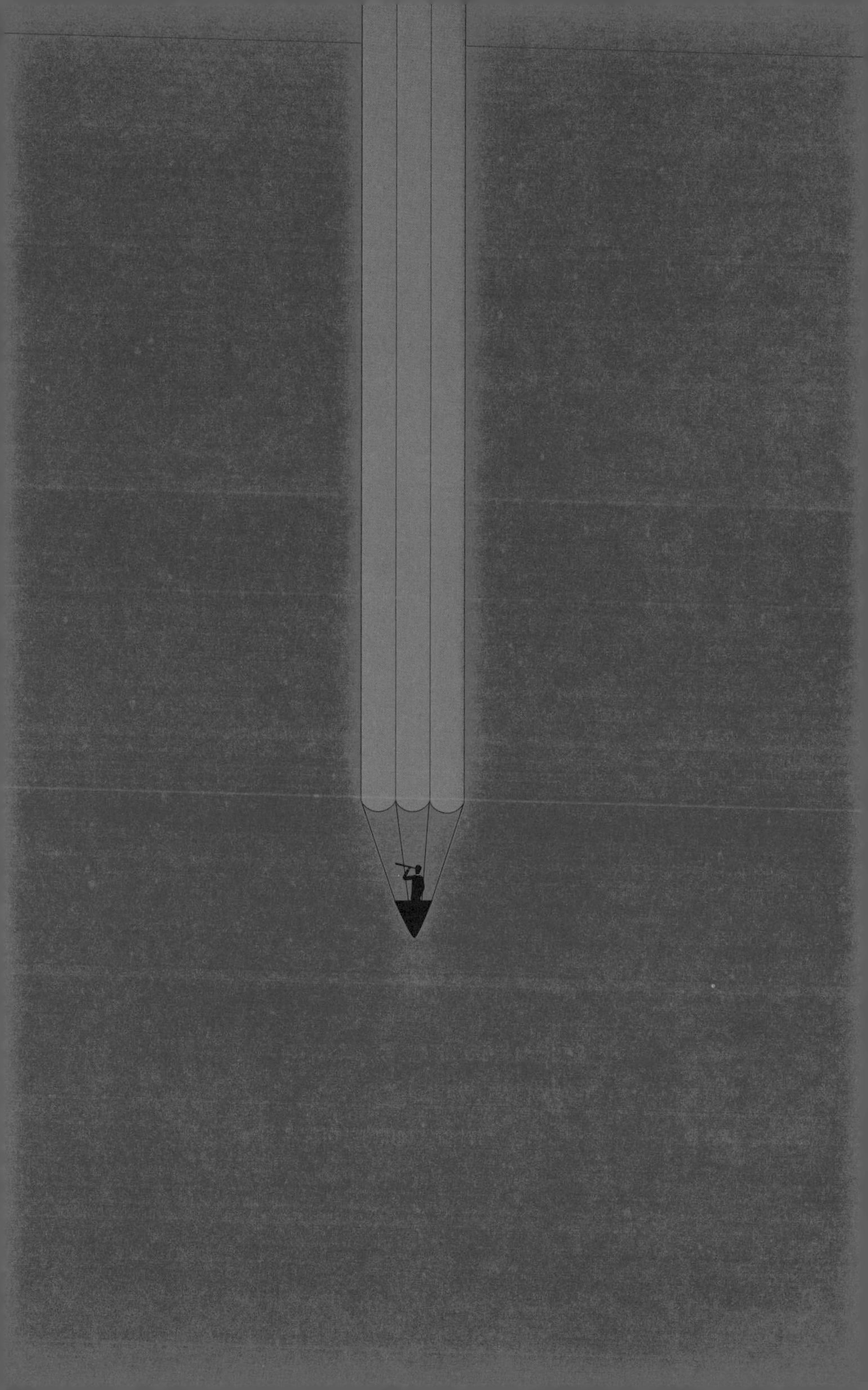

차
례

경청

"잘 지낸다는 게 뭘까 생각해보면, 너무 버거워도 지치지 않고 잘 견
뎌낸다는 의미가 아닐까 싶어요. 여기서 조금 더 확대한다면 존경받는
실력, 넘어져도 일어서는 회복탄력성, 변하지 않는 응원, 뭐 이런 거."

_이기욱 상무, 최고인사책임자

존중

"내가 온전한 내 모습으로 근무할 수 있다는 안정감을 얻을 때, 다른
누구가 될 필요도 없고, 다른 모습으로 억지로 변장할 필요도 없고,
내 단점 내 잘못을 자유롭게 나의 리더에게 오픈하고, 나누고, 언제든
지 조언을 얻을 수 있다는 마음의 안전함 같은 것을 느낄 때 일을 하는
게 큰 기쁨이 돼요."

_이유경 상무, 비즈니스센터

집을 짓는 스타트업, 사람을 키우는 회사

경청

경청으로부터 시작되는 조직문화

자신을 돌보는 게 가장 중요한 보상이에요

안녕하세요, '책 읽는 마케터'님.

저는 에스투더블유의 '팀 닥터'입니다.

이력서는 잘 보았고 금요일에 따스한 차 한 잔과 화려한 마케터의 삶에

대해 들려주세요. 금요일에 뵙겠습니다.

날이 춥습니다. 몸 관리 잘하시고요.

_이기욱 드림

느닷없이 잡힌 이 티타임 3일 전인 2021년 11월 9일 화요일, 이기욱 상무에게 이력서 한 통을 달랑 보냈더랬다. 그는 빠르게 답신을 보내주었는데, 그땐 그가 자신을 지칭한 '팀 닥터'라는 게 무슨 뜻인지 몰랐다.

2022년 1월에 나는 김다솔 작가와 함께 에세이 《나는 나의 1순위》를 출간하며 글 쓰는 삶을 시작했다. 그 전에 3년 정도 책을 추천하는 유튜브 채널 '책 읽는 마케터'를 운영한 경험이 있었는데, 이력서를 보낸 개인 메일 정보가 유튜브 채널 개설 정보와 맞물려 있어 그에게 '책 읽는 마케터'라는 이름으로 이력서가 발신된 것이었다.

보내고 나서야 아차 싶었는데, 그는 아주 여유롭게 스스로 '팀 닥터'라고 칭하며 내게 빠른 답장을 해주었다. 임직원 수가 1만 명에 조금 모자란, 규모가 큰 첫 직장에 다녔던 나는, 그때까지 유연하고 위트 있는 조직문화나 상사에 대한 기대치가 없었다. 대면하기 전부터 '별나다'는 느낌을 받았던 그와의 첫 메일. 그리고 3일 후 나는 그를 만났다.

이기욱 상무의 첫인상은 한 조직의 '상무'라기보다 '요긴'에 가까웠다. '요긴(yogin)'이란 '요가'와 같은 동사 어근 'yuj'에서 파생된 숙련된 요가의 달인, 또는 깨달음을 얻은 숙련자로 불리는 남성 '요가 수행자'를 가리키는 용어다. 다소 마른 몸, 인자한 웃음 뒤에 수놓인 세월의 주름들. 그 주름이 비껴간 자리엔 지극한 환희와 애통함이 교차한 도인 같은 모습이었다.

한 시간 남짓한 가벼운 면접을 보면서 나는 그를, 그는 나를, 어떤 사람인지 알아갔다. 그중에서 지금까지도 기억에 남는 질문이 있는데 '성취'와 '협력' 중 무엇이 더 나의 본질에 가깝냐는 질문이었다. 이력서에서 보이는 나는 굉장히 화려하고 성취 지향적인 사람 같은데, 지금 만나본 느낌은 오히려 '허당'에 더 가까운 것 같다고. 나는 입사 이후, 그에게 그때 그 질문을 했던 이유를 되물었다.

"너무 훈련이 잘된 특수 요원 같은 느낌이었어. 근데 그걸 반드시 해내야만 한다고 생각하는 게 싫더라고. 일을 먼저 시작한 선배 입장에서 후배를 볼 때, 안타까웠다고 해야 하나. '왜 꼭 해내야만 하는데?'라고 질문해주고 싶었어. 숙제가 너무 많은 사람 같아서 가혹해 보였거든."

그는 내가 일을 좋아하는 사람이고, 근본적으로 갖고 있는 성취동기보다 사람에 대한 갈증(그는 이를 '동료와 함께하는 것'이라고도 표현했다)이 더 큰 사람으로 보였단다. 에스투더블유는 그 갈증을 해결해줄 수 있는 자신이 있었다고. 그래서 나를 뽑았다고 했다.

회사에 면접을 오는 수많은 지원자는 마치 힙합을 소재로 한 오디션 프로그램 '쇼미더머니'처럼 내게 '합격 목걸이'가 주어질지 고민하고 전전긍긍한다. 그런데 그는 지원자를 볼 때 '회사가 이 지원자에게 필요한 무언가를 해줄 수 있는지'에 대해 고민한다. 그렇기에 에스투더블유의 면접 자리는 '뽑는다'와 '뽑힌다'의 줄다리기가 아니라, '함께 맞춰본다'에 더 가까운 자리가 된다.

그래서 에스투더블유가 가진 아름다움에 대해 말할 때 그를 꼭 첫 번째 인터뷰이로 삼고 싶었다. 나의 존경하는 어른이자 운동 경기에서 경기 전 선수들의 정신적·육체적 건강을 확인하고 진단해주는 이 조직의 '의사'. 그래서 '팀 닥터'. 나는 그의 위트와 여유, 본질을 관통하는 질문, 따르게 하는 힘이 '듣는 태도'에서부터 나온다고 여겼다.

인터뷰 당시 그는 한창 최고재무책임자(CFO)를 겸직하며 에스투더블유가 세상에 알려질 준비를 하고 있었다. 곧 있을 기업공개(IPO/Initial Public Offering)를 위해 달리고 있는 이야기부터 꺼냈다.

명지연: 요즘 코스닥 상장을 위해 기업공개를 준비하시느라 정신없으시죠?

이기욱: 나도 경험이 없어서 부담되고 떨리더라고. 막상 기업공개를

했는데 의미가 없으면 어떻게 하지 하는 마음도 들고.

명지연: 기대도 되고. 부담도 되고. 떨리는 마음이겠네요.

이기욱: 단순하게 공모자금을 조달하는 일이 아니라 냉정하게 이 시장에 먹힐 수 있다는 걸 보여줘야 하는 무대라서. 그래서 떨리는 것 같아요. 이 모든 과정에 의미가 있었으면 좋겠거든. 사실 처음에는 그게 부담스러워서 에스투더블유에 와서는 무대에 서는 것 자체를 안 하려고 했어요. 나는 조력하는 역할만 하고 싶어서 CHRO까지만 서상덕 대표와 상의하고 입사했던 건데. CFO라는 건 본질적으로 무대 앞에 서는 것이거든.

명지연: 그렇군요. CFO로서의 과정에서 생소한 부분도 새롭게 느끼는 바도 많으셨을 것 같은데, 어떠셨어요?

이기욱: 그렇죠. 저는 재무 전문가는 아니지만, 그래서 더 많이 관련 업계 사람들을 만나고 피드백을 들어봤어요. 증권사에서 들은 말인데 '회사가 상장하고 나면 성장 보수만 챙기고 도망가는 사람들이 많아서 회사를 사랑하는 사람이 이 일을 하는 게 더 중요하다'는 이야기를 하더라고요. 그런 면에서 이기욱 상무는 적격자라고 회사가 나를 믿어주었던 거

지. 저도 처음에는 자신이 없다가 내가 가진 이 회사에 대한 진심, 그리고 지금까지 일군 네트워크를 가지고 도전해보면 회사 입장에서도 도움이 될 수 있을 거란 믿음이 생겼던 것 같아요. 기업공개가 단순히 자금 조달의 과정이 아니라 우리 회사가 얼마만큼 세상의 문제를 해결할 수 있는지, 진정한 글로벌 프로의 세계에서 어디까지 꿈꿔볼 수 있을지, 그 범위를 결정하는 중요한 첫걸음이라고 생각해서 더 떨리는 것 같긴 해요. 이 조직의 팀 닥터로서, 에스투더블유의 훌륭한 선수들이 전세계에 팬을 보유한 메이서리그에서 아주 높은 가치로 인정받고 글로벌 무대에서 뛰면 좋을 것 같고. 우리 스스로 한국의 국가대표가 되어 국민들이 응원해주는 가운데 우리의 의미와 가치를 인정받으면 좋겠다는 게 저의 바람이에요.

서로 경쟁하는 문화 안에서 살아남으려면 스스로에게 집중하기보다 타인의 시선과 성과를 의식하게 될 확률이 높다. 그 과정은 우리를 불안하고 지치게 만든다. 누군가와 싸움을 해야 한다면, 그건 나 자신이어야 한다. 나를 사랑하지 못하는 나, 나를 믿지 못하는 나, 나에게 집중하지 못하는 나와 겨루는 일. 그 과정에서 이기욱 상무가 왜 '자기돌봄'과 '마음챙김'에 관심을 갖고 도인의 향기를 내뿜는지 조금은 알 것 같다. 뒤이어 그가 덧붙였다.

이기욱: 인사관리를 한다는 게 누군가를 채찍질해서 성과를 더 낼 수 있는 게 없느냐를 고민하며 살아왔다는 의미잖아요. 그 고민이 내 본질인 거지. 근데 난 그게 결국 자기돌봄이랑 마음챙김이라고 생각하거든. 조직원들을 채찍질하지 않고 잘 돌볼 방법이 예전에는 보상이라고 생각했는데, 이젠 그게 속임수라고 생각해서요. 근본적으로 스스로를 컨트롤할 수 있는 사람들이 모이면 보상으로 강요하지 않아도 자기돌봄을 통해 개인과 조직이라는 본질을 해결할 수 있다고 생각하거든.

명지연: 그게 어떤 의미에선 또 다른 보상이겠어요.

이기욱: 네, 물론 저도 전통적인 인사관리 방식과 시스템은 같이 가야 한다고 생각해요. 자기돌봄과 마음챙김도 하나의 동기부여 방식인 거고. 오직 이것만으로 완벽한 조직문화를 만들 수 있다고 생각하는 건 아니거든요.

　　　　　　　　　　　　　　　　　　　　다르게 발명하는 일

실제로 다양한 구인·구직 사이트에서 '에스투더블유'를 검색해보면, 임직원에 대한 상당히 합리적인 보상 수준을 확인할 수 있다. 그 또한 자기돌봄과 같은 인사관리 방식이 임금 수준과 같은 전통적인 성과관리 제도나 연계보상 체계를 거스르기 위한 장치는 아니라고 강조했다. 다만 본인이 꿈꾸는 조직문화를 만들기 위해선 전통적인 인사관리 방식과 에스투더블유만의 조직문화가 함께 가야 한다고. 이를 위해선 처음부터 조직과 결이 일치하는 이들을 채용하는 것이 우선되어야 한다고도 강조했다.

이기욱 상무가 도입한 에스투더블유만의 조직분화 프로그램으로 '3분 스피치'가 있다. 매달 전사 임직원이 함께 참여하는 '타운홀 미팅' 과정에 포함된 임직원 스피치 세션이다. '3분 스피치'라는 이름 그대로 매월 무작위로 선발된 임직원들이 각 3분간 자신의 삶을 이야기하는 자리다. 꼭 거창한 주제가 아니라도 개인적인 취미나 취향, 좋아하는 콘텐츠 등 무엇이든 원하는 방식으로 그저 자신을 소개하면 된다.

평소 교류가 없었던 다른 팀의 동료가 어떤 사람인지 알아갈 수 있는 우리만의 문화로 자리 잡았다 보니 3분 스피치에 대한 임직원들의 반응과 열정도 상당히 뜨겁다. 프레젠테이션을 잘한다고 물질적 보상이 있는 것도 아닌데, 모두 바쁜 와중에도 자신을 스토리텔링할 수 있는 프레젠테이션을 적극적으로 만든다.

아마도 이런 문화를 모두 함께 즐길 수 있는 이유는, 비록 우리가 '회사'라는 공간에서 만났지만, 이 회사에 모인 우리는 에스투더블유라는 조직의 핏(fit)에 맞는 '공동체'라는 암묵적인 공감대를 형성하고 있기 때문인 듯하다. 건강한 자아를 갖고 자신의 일을 사랑하며 긍정적인 기운을 주는 사람들이라는 믿음, 나 또한 그들의 건강과 사랑과 긍정을 닮고 싶다는 자극. 내가 3분 스피치 세션을 들을 때마다 느끼는 바다. 그리고 이기욱 상무가 덧붙이기를, 이런 조직문화를 만들고 싶었던 이유는 이랬다.

이기욱: 전통적인 인사관리 방식과 더불어 '이 회사는 안전한 곳'이라는 믿음을 주는 그런 환경을 조성하고 싶었어요. 그런 '안전한 환경'을 만들었을 때 우리가 최고의 퍼포먼스를 낼 수 있을지를 에스투더블유에서 실험해보고 싶었고요. 그래서 제가 이 조직에서 가장 중요하게 생각하는 키워드가 '안전'입니다.

'안전하다'의 사전적 정의는 '위험이 생기거나 사고가 날 염려가 없다'인데, 나는 회사가 안전하다는 건 어떤 의미일지 궁금해졌다. 3분 스피치 세션에서처럼, 우리가 우리를 우리로서 공유할 수 있는 건 아마 이 회사가 안전하다는 믿음 때문이지 않을까 하고.

잘 지내기 위해선 안전해야 한다

이기욱 상무가 성의한 소식의 '안전'에 대해 더 깊은 이야기를 들어 봤다. '에스투더블유'라는 조직이 '안전하다'는 건 어떤 의미일까?

명지연: 조직이 '안전하다'는 건 어떤 의미인지 궁금해요.

이기욱: 조직을 '내 편'이라고 생각하는 것.

명지연: '내 편'이요?

이기욱: 네, 조직이 나를 사실과 다르게 해석하지 않고 '있는 그대로' 알아봐준다고 느낄 때, 우리 모두는 스스로 자신의 일에 몰입할 수 있게 된다고 생각해요. 그걸 다른 말로 하면 '이 조직이 내 편에 서 있구나' 하고 느끼게 되는 거고. 요즘

제 고민은 내 가족과 회사의 가족 모두와 어떻게 하면 잘 지낼 수 있을까인데, 잘 지낸다는 게 뭘까 생각해보면, 너무 버거워도 지치지 않고 잘 견뎌낸다는 의미가 아닐까 싶어요. 여기서 조금 더 확대한다면 존경받는 실력, 넘어져도 일어서는 회복탄력성, 변하지 않는 응원, 뭐 이런 거. 그런 생각을 들게 하는 건 사실 굉장히 어려운 것이거든. 특히 회사에선 상대에게, 그것도 각기 다른 성향의 구성원들에게 내 편으로 마음속에 자리매김한다는 것이 힘든 일이라 생각하고요. 그래서 굉장히 지속적이고 절대적인 노력이 필요한 거죠. 이걸 잘하고 싶은 게 내 고민인 거고.

명지연: 잘 지낸다는 건… 그러니까 항상 좋은 일만 생기길 바란다는 것이 아니라, 어려운 일들이 몰아치더라도 너무 버거워 쓰러지지 않고 견뎌낼 수 있다는 의미라는 말씀이네요?

이기욱: 네, 맞아요. 잘 견뎌내기 위해선 안전해야 한다.

명지연: 잘 견뎌내기 위해선 내 편이라고 느끼는 이들과 함께 있어야 한다는 말이라고도 할 수 있겠네요.

잘 지낸다는 건 무탈한 일들만 반복된다는 게 아니라, 어려운 일이

　　　　　　　　　　　　　　다르게 발명하는 일

몰아칠 때 '나'와 '내 편'을 믿고 잘 견디는 일이라니. 나는 이기욱 상무가 어떻게 이런 어른이 됐는지 궁금해졌다.

명지연: 에스투더블유에 입사하시기 전에 벤처 기업을 창업한 적도 있다고 들었어요. 어떤 사업을 하셨던 건지 여쭤봐도 될까요?

이기욱: 처음 회사 생활을 했던 곳은 롯데그룹 계열사였어요. 그곳에서 6년 정도를 다니다가 퇴사 후 창업을 하게 됐죠.

명지연: 그럼 창업할 당시 이른 나이였을 것 같은데.

이기욱: 그렇지. 그때를 기억하면 내가 생각해도 좀 독특했던 것 같아요. 첫 회사에 입사했을 때가 90년대 후반이라 철제 책상에 앉아 볼펜으로 기안서를 쓸 때인데, 내가 했던 직무가 기획 업무였거든. 제가 속했던 계열사가 롯데그룹 안에서도 큰 규모의 회사였는데, 그 당시만 해도 기획실은 최고 학력자만 오는 곳이었어요. 근데 내가 해당 부서에 배정이 되어서 다들 의아해했지.

명지연: 그렇군요. 그럼 남들이 가고 싶어도 가기 어려운 회사의 핵심 직무를 담당하셨다는 이야기인데, 왜 퇴사하고 창업을

하신 거예요?

이기욱: 기획실에 입사해서 일하는 동안 계열사 전무님이 저를 좋게 봐주셨는데, 눈에 띄다 보니 회사 안에서 적도 많아졌던 것 같아요. 근데 내 성격은 사내 권력을 위한 갈등도 싫고 해서… 당시 저를 포함해서 고등학교 친구들 세 명이 모여서 벤처 기업을 창업하게 됐어요. 처음에는 개인·회사로 시작했는데, 나중에는 천 명 규모가 돼서 법인 전환을 한 벤처 기업이 됐죠. 호텔에 납품하는 식기를 만드는 회사였어요. 개인 회사일 때는 국내에만 식기 납품을 했는데, 확장하고 나니 해외를 타깃으로 한 법인 회사가 된 거죠. 그때부턴 완전 무역업이었어요. 그때 저는 자금 조달, 은행 상대 등 재무, 인사, 총무 관리를 총괄하는 일을 맡았어요. 특히 프랑스, 이탈리아의 외국계 호텔들이 주 고객이었지. 할 일이 많아서 힘들었지만 정말 재밌게 일했던 기억이 납니다. 하지만 이후 투자 자금 조달에 실패해 회사가 부도가 나면서 사업을 그만두게 됐어요. 그때 채권자들에게 감금당하고 직원들에게 매도 맞아 보고… 그때가 2002년이니 내 나이 서른둘, 지금으로부터 약 23년 전이네요.

     다르게 발명하는 일

명지연: 딱 지금 제 나이쯤이라 모아둔 돈도 없었을 텐데….

이기욱: 없었지. 그때 제가 결혼하고 아내랑 전세를 얻으려고 하니까 정말 구할 수 있는 집이 없더라고. 겨우 인천에 있는 13평 아파트에 전세를 얻어서 살았어요. 그런데 신기하지. 그렇게 열심히 살다 보니까 돈은 따라오더라고. 난 지금도 부자는 아니에요. 아내가 아프고 나선 한 달 치료비가 천만 원씩 들었거든. 대기업 임원이 아니었다면 못 버텼을걸….

이기욱 상무는 롯데그룹 퇴사 후 벤처 기업을 창업했다. 그리고 몇 년 후 롯데그룹에서 만든 신규 계열사에서 다시 임원직을 제안받았다. 승승장구하며 회사를 키워내던 그 시절, 아내의 말기 암 판정 소식을 듣게 됐다고. 아내가 임종을 맞이하기 전 4년 동안 그는 아내의 투병 생활을 홀로 지켜냈다.

명지연: 그 시간을 어떻게 견디셨는지 저는 감히 상상이 안 돼요.

이기욱: 명상과 요가로 버텨낸 것 같아요. 이겨냈다기보다…. 지금은 아내가 아내의 운명대로 잘 살다 갔다고 생각해요. 하늘로 갈 때는 호스피스 병동에서 편안하게 갔어요. 제게 아내

를 간호한 4년은 평범하다는 것, 건강하다는 게 얼마나 중요한지 알게 된 시간이었어요. 그래서 나는 내게 장하다고 말해줘요. 언젠가 겪어야 할 것들이 빨리 왔구나…. 그래도나, 잘 견뎠구나… 하고.

나는 잠시 말을 잇지 못했다. 내게 답하며 가파르게 웃음 짓는 이기욱 상무의 눈이 슬펐다.

명지연: 그럼 그 이후에 에스투더블유에 입사하게 되신 거죠?

이기욱: 아내의 병세가 악화돼 회복 불가능한 말기 암 상태가 됐던 게 2020년도인데, 사실 저는 그 해까지만 전 직장에서 일하고 잠시 쉬고 싶었어요. 아내의 간병과 회사 생활 모두 좀 지쳐 있던 때였거든. 그즈음 서상덕 대표를 우연히 만났는데, 서 대표는 같은 그룹사 출신으로 나보다 먼저 퇴사를 하고 창업 팀과 에스투더블유를 설립한 지 2년 정도 된 시기였지. 나를 불러다가 내 경험과 에스투더블유의 기술력이 만나면 엄청난 시너지가 날 거라고 하더라고요. 특히 당시 서 대표는 인사 측면에서 고민이 많았는데, 그 질문에

대한 답변을 해주던 중 '해법을 아시는 상무님이 우리 에스투더블유에 합류해서 직접 해결해주시면 안 되겠느냐'는 제안을 했어요. 그렇게 에스투더블유에 합류한 게 2021년 1월 1일이었지.

명지연: 아, 그렇게 합류하게 되신 거였군요. 그 당시 어떤 마음이셨어요?

이기욱: 글쎄. 사실 저는 그때… 내가 가진 '열정 에너지 측정기'가 있다면 그 측정기 가장 밑에 있는 0과 1 사이 눈금에서 왔나 갔다 하던 시기였던 것 같아요. 근데 그때 서 대표의 진심 어린 제안이 내 측정기 눈금을 다시 끌어올린 거지. 하지만 솔직하게 말해서 합류 당시에는 내 열정 에너지를 100퍼센트 끌어올린 상태에서 입사했다고는 못하고. 에스투더블유에 처음 왔을 때는 거의 탈진 상태였거든. 그간 아내의 병세 악화뿐 아니라 직전 직장에 있을 때 코로나19가 왔어요. 근데 내가 이끌던 조직이 코로나19 직격타를 맞은 뷰티 산업이었지. 당연한 이야기지만 그 책임이 저한테 왔고요. 업무적으로도 개인적으로도 힘든 일이 겹치다 보니 서 대표에게 이 회사로 합류하라는 제안을 받았을 때 '나는 서

포트하는 일만 하고 싶다'고 했던 거지. 지원 조직에서 내가 가지고 있던 경험과 노하우로 인사관리에만 기여하는 걸로 말이에요.

명지연: 그런 일이 있으셨군요. 저도 같은 시기에 첫 직장으로 화장품 회사를 다녀서 잘 알아요. 당시 여파는 한두 사람 힘으로 극복하기 불가능했잖아요. 뷰티, 여행, 항공… 무엇 하나 트렌드를 못 읽거나 소수의 리더가 결정을 잘못해서 조직이 쇠락하는 상황은 아니었는데, 누군가는 그 책임을 물어야 하니까 화살이 상무님께 왔겠어요. 그 어려운 시기를 어떻게 버티셨어요?

이기욱: 버틴다기보다 내가 주인이라고 생각했어요. 마음가짐을 '내가 주인이다'라고…. 내가 뽑은 직원들이고 내가 그들과 약속한 게 있으니까 내가 감당해야 한다고 생각했던 것 같아요.

원래 이렇게 문제가 생겼을 때 정면 돌파하는 편이냐고 물었더니, 요즘은 좀 피하려고 하는 것 같다며 허허 웃었다. 말은 그렇게 하는데 눈이 맑았다. 회사 뒤에선 명상과 요가를 하며 회사 앞에 서선 떳

   다르게 발명하는 일

떳하기 위해 애쓰는 분. 정면 돌파란 말이 그와 잘 어울렸다.

명지연: 이젠 다 지나간 일들이네요…. 혹시 요즘은 어떤 고민이 있으세요?

이기욱: 요즘 고민은… 잘 지내는 거.

명지연: 잘 지낸다는 것?

이기욱: 네, 내 가족, 회사의 가족들과 어떻게 하면 잘 지낼 수 있을지 고민이 많아요. 나 자신의 잘 지냄보단 상대가 나와 잘 지내는 거요. 상대방에게 '내가 당신 편이다'라는 믿음을 주고 싶거든.

명지연: 세상에, 어떻게 잘 지낸다는 말의 주어가 내가 아니라 타인인 거죠? 그렇잖아요? 잘 지내는 것이 '내가 너와 잘 지내고 싶다'가 아니라 '상대가 나와 잘 지내게 하려면 내가 어떻게 해야 할까'라뇨.

"잘 지내기 위해선 공동체가 안전해야 한다"고, "상대가 내 편이라는 인식을 기저에 두고 지나칠 정도로 솔직해도 괜찮은 관계가 되어야 한다"고, 그는 말했다. 그렇게 일군 안전한 공동체는 어려운 일들이 몰아치더라도 쓰러지지 않을 수 있다고. 이기욱 상무가 묘사하는 '회사'는 꼭 '집' 같다. 밖에서 폭풍우 같은 하루를 보내더라도 '내 편'이 돼주는 집이 있다면, 세상은 나를 넘어뜨리기 어렵다. 그렇기에 반대로 집이 무너지면 세상도 함께 무너진다. 그러니 집은 가장 '안전한 곳'이어야 한다.

여전히 꿈을 이야기할 수 있는 나이

'회사'라는 '집'에서 이기욱 상무는 어떤 끝을 꿈꾸고 있을까? 나는 그가 꿈꾸는 앞으로의 미래에 대해 물었다.

명지연: 앞으로의 꿈이 있으시다면 무엇인지 궁금해요.

이기욱: 음… 두 가지가 있는데요, 우선은 삶의 균형을 회복하는 것.

명지연: 삶의 균형이요?

이기욱: 네, 제가 존경하는 두 분이 있는데, 한 분은 명상 수업을 해주시는 교수님이고, 한 분은 심리학 수업을 해주시는 교수

님이에요. 전 그분들이 '내 편'이라고 생각하는데, 내게 자주 하시는 말씀이 있어요. "기욱아, 너 더 밝아지고 행복해져야 한다." 예전의 이기욱은 더 목표 지향적이고 성과 지향적인 사람이었거든요. 그런데 2021년도에 아내를 하늘나라에 보내고 나서 저 바닥 밑에 있을 때, 제가 처음으로 요가를 알게 됐어요. 이후에 요가를 통해 명상을 알게 된 거고. 그러다 지금은 조금 더 보편적인 명상을 위해 아주대학교에서 마음챙김 과정을 배우다 마음챙김 상담사가 되기도 했고요. 그 과정에서 배운 게 '삶의 균형'이에요. 나는 꼭 균형을 잃은 화려한 유람선의 선장 같았거든. 그때는 많은 고객을 태울 수 있는 크고 화려한 배인지가 중요했어요. 근데 지금은 이 배에 탄 사람들이 얼마나 안전하다고 느끼는지, 얼마나 여유 있게 자기 일에 몰입하고 있는지가 더 중요해요. 그런 균형 잡힌 유람선을 이끄는 게 목표라고나 할까 싶습니다.

명지연: 아… 그리고 또 하나는요?

이기욱: 잘 착륙할 곳을 정하는 것.

명지연: 착륙이요?

 네, 제가 이끄는 유람선의 종착지가 어딘지 보고 있어요. 그곳이 국내일지 해외일지, 어떻게 하면 소프트 랜딩(soft landing)을 할 수 있을지 방법을 찾고 있어요. 아무쪼록 멋진 착륙을 하고 싶다는 꿈을 꾸고 있습니다. "이기욱다웠다"는 이야기를 들을 수 있는 착륙이면 좋겠네요.

이제 와서 하는 고백이지만, 나는 이 인터뷰를 하는 내내 울었다. 질문을 받는 인터뷰이가 아니라 질문을 하는 인터뷰어가 우는 이상한 인터뷰였다. 그런 나를 보고 그가 말했다.

"지연 님을 보면 내가 나를 걱정해주는 느낌을 받아요."

인터뷰를 마치고 집에 돌아오는 길, 첫 면접 날의 여러 장면이 겹쳐 보였다. 그가 나더러 "숙제가 너무 많은 사람 같아서 가혹해 보였다"는 말. 어쩌면 그건 내 안에서 발견한, 이전의 그 자신에게 해준 말이 아니었을까? 이승우 작가의 《고요한 읽기》라는 책에 이런 문장이 있다.

"경청은 단순히 말에 귀 기울이는 것이 아니라, 그 말이 발생한 사람을 주의 깊게 살피는 것이다."

나는 그에게 항상 고맙다는 말을 머금는다. 내 이야기를 경청해주

　　　　　　　　　　　　　　　　　　　　　　　　다르게 발명하는 일

셔서. 존경하는 어른이 되어주셔서. 에스투더블유를 대표하는 첫 번째 인터뷰이로 응해주시고 삶의 이야기를 들려주셔서. 이 조직문화를 만들고 싶었던 이유, 그러니까 나를 주의 깊게 살펴주시고 '안전하다'고 믿어주셔서 참 고맙습니다.

리더십의 핵심은 존중하는 마음

너의 문화를 내가 참 좋아해

에스투더블유 해외사업팀은 365일 24시간 밤낮을 가리지 않고 일한다. 인도네시아 정부 기관을 대상으로 한 60억 원 규모의 제품 수출을 시작으로, 연이어 싱가포르, 일본, 사우디아라비아 등의 정부 기관 사업을 수주한 게 근 2년 사이의 일이다. 아직 계속 두드리고 있는 중이지만, 유럽 등지에도 한 달에 한 번 이상 출장을 강행하면서 신규 시장 진출을 적극적으로 모색하고 있다.

　그 모든 과정의 중심에 해외사업을 총괄하는 이유경 상무가 있다. 해외사업팀이 체코로 출장을 다녀오던 어느 날, 사내 임직원들이 사용하는 업무 플랫폼에 서상덕 대표가 다음과 같은 출장 후기를 남겼다.

해외사업팀은 출장을 가면 거의 24시간 체제로 일을 합니다. 아침에는 우리 제품을 소개할 전시 부스 준비, 낮에는 전시회에서 열심히 제품 설명을 하면서 모객. 부스가 한산하면 힘이 빠져 힘들어하고, 부스가 붐비면 신나서 힘든 줄도 모르고 목이 아프도록 설명하고. 다리가 빠지도록 종일 잘 앉지도 않습니다.

그러다 저녁이 되면, 맛집을 찾아 현지 문화를 즐기러 또 힘을 내서 열심히 걷고 타고 먹고 마시고. 그러고는 돌아와서 그날 만났던 잠재 고객에 대해 정리하고, 한국에서 온 밀린 이메일과 업무를 처리하고 회의하고. 잠시 눈을 붙이고 나면 다시 아침을 준비합니다.

이런 강행군을 리드하는 일은 이유경 상무님이 솔선수범합니다. 누구보다 바쁘게 그리고 열정적으로 일하시고 고객 응대도 노련하게 잘하십니다. 진짜 바쁜데도 늘 즐거워 보이세요. 우리 부스가 관심을 못 받을 때만 좀 힘들어하십니다.

눈코 뜰 새 없이 바쁜 와중에도 팀원들을 잘 챙기고 본인도 또 잘 돌보십니다. 늘 커피 한잔의 여유를 가지고 계세요. 잠은 언제 주무시는지 잘 모르겠지만, 현지 시간이 몇 시든 간에 한국에서 제가 어떤 것을 지시하거나 물어도 거의 바로 대응해주십니다.

'해외사업을 리딩하는 힘은 무엇일까?'

저는 이유경 상무님을 보면서 놀랍기도 하고 존경스러워서, '이분은 어떻게 이렇게 할 수 있을까?' 하고 나름대로 관찰하고 고찰해보았습니다. 저의 고찰로는 '다양한 문화를 깊이 사랑하는 마음'이 아닐까 싶습니다. 해외사업팀은 현지에 가면 그 나라의 진정한 문화를 느껴보는 것에 즐겁게 시도합니다. 유경 상무님은 독일에서 필하모닉 오케스트라 관람, 프랑스에서 레미제라블 뮤지컬 관람, 이런 것들을 버킷리스트로 품고 계신 분이고 꼭 실현하실 분입니다. 타국의 문화와 예술에 대해서 진정 감동하고 새로운 도시의 아침 공기와 함께 그 나라의 커피 한잔을 하는 것에서 대만족을 느끼는 분입니다.

'너의 문화를 내가 참 좋아해, 멋있어'라는 태도가 상대방에게 전달되는 것 같습니다. 함께 있으면 주변 사람들도 덩달아 그 나라 그 도시의 문화에 대해서 더 알고 싶게 만들고 좋아하게 만드는 그런 매력을 가진 분입니다.

다양성에 대한 애정, 그리고 그 안에서 오랫동안 쌓여 온 전통과 예술과 문화를 이해하고 궁금해하는 관점, 상대의 좋은 점과 매력적인 점을 항상 보려고 하고 자극을 받는 자세, 그런 것이 다양한 팀원들을 아우르는 리더십으로도 발휘되시는 것 같고, 해외의 고객들이 마음의 문을 열게 만드는 매력이신 것 같습니다.

에스투더블유는 해외사업에 진심인 회사입니다. 저는 해외사업은 비즈니스센터의 해외사업팀만 하는 것이 아니라고 생각합니다. R&D센터에서도, 지원 부서에서도, 해외사업에 뛰어들어 함께하는 멤버들이 계속 나와주면 좋겠습니다.

다른 문화에 대한 이해는 다른 사람에 대한 이해와도 닿아 있습니다. 우리는 각자 다른 가치관을 지닌 소우주라고 할 수 있으니까. 한 인격이 가진 서사와 문화를 온전히 이해하고 그 안에서 매력을 발견하는 것이야말로 그 사람의 마음과 신뢰를 온전히 얻고 서로 존중할 수 있는 유일한 방법이고, 또 즐겁고 보람 있는 일이기도 한 것 같습니다.

'난 정말 이해가 안 되네'라는 순간이 우리 리더분들은 많으실 거예요. 그런데 어쩌면 모두가 각자의 문화권에서 살아가는 너무나 다른 존재들이라고 생각하면 이해가 되기도 하는 일이 많은 것 같더라고요.

제가 우리 해외사업팀에서 배우고 경험한 바에 의하면 그랬습니다.

에스투더블유에는 약 스무 명의 리더가 있다. 각 팀을 리드하는 팀장부터 여러 팀을 총괄하는 센터장인 상무, 그리고 조직의 최고 의사결정자인 C 레벨까지. 그중 여성 리더는 네 명뿐인데 이유경 상무는 유일한 여성 임원이다. 지금은 세 개 팀과 한 개 해외법인으로 구성된 비즈니스센터의 수장이지만, 입사 초기엔 내가 몸담은 팀의 팀장이었다.

약 4년 전 내가 입사하던 당시 에스투더블유는 창업 4년 차를 맞이한 30명 조금 넘는 규모의 조직이었다. 기술 기업으로 창업했고, 성장 과정에 있던 만큼 연구개발(R&D) 외 직무에 종사하는 구성원의 비율은 아주 낮은 회사였다. 초기에는 개발자를 중심으로 제품 개발에 집중하면서 조직이 커졌으나, 이젠 본격적으로 해외사업을 확장해야 하는 시점이었다. 이에 해외 마케팅과 영업을 총괄할 수 있는 해외사업팀이 꾸려졌다.

처음에는 현재 미주 법인장으로 있는 한성원 상무가 해외사업팀을 이끌었다. 전세계적으로 빅데이터와 AI 산업의 규모는 미국 시장이 독보적으로 크기 때문이었다. 1년간 미국 시장을 열심히 두드렸던 기억이 있다. 미국 내에서 우리 제품을 소개하는 오프라인 전시회에도 참여하고, 온라인상에서 구글 애널리틱스(Google Analytics)를 활용

   다르게 발명하는 일

한 데이터베이스 마케팅을 하기도 했다. 하지만 기대만큼 빠른 결과가 나오진 않았다.

이후 미국은 전통적으로 시장의 규모가 큰 만큼 빅테크 기업들과의 경쟁도 치열하다는 사실을 부정할 수 없었고, 그 속에서 작은 스타트업의 제품을 팔기까지 오랜 시간이 걸린다는 사실도 받아들일 수밖에 없었다. 담당해야 하는 업무 종류에 비해 적은 인력 규모로 어려움이 있었던 것도 사실이었다. 처음 해외사업팀이 꾸려졌을 때 첫 번째 목표는 수출 실적을 만들어내는 것이었지만, 이를 뒷받침할 마케팅, 세일스, 디자인 등의 제반 역량은 갖춰져 있지 않은 상황이었다. 이에 넷으로 이루어진 우리 팀에서 글로벌 마케팅, 콘텐츠 및 홈페이지 기획, 디자인, 제품 시연을 포함한 필드 영업, 그리고 국내 시장 브랜딩과 행사 기획, 홍보를 모두 함께 맡고 있었다.

이 모든 일들이 우리에게만 일어난 특이한 경험은 아니라고 생각한다. 완벽한 준비가 된 상태로 시작하는 스타트업이 없듯이, 에스투더블유 또한 부족한 자원 속에서 최선을 다했던 것 같다. 그 모든 것들이 제대로 준비가 됐을 때 '매출'로 이어지기를 기대하면서.

그때 두 번째로 해외사업팀을 이끈 리더가 이유경 상무였다. 이유경 상무는 그간 미주 시장을 중심으로 관심과 노력을 쏟았던 데에서

한 걸음 더 나가 APAC(아시아–태평양) 시장을 중심으로 한국 IT 제품의 경쟁력을 알리기로 방향을 바꿔 힘을 쏟았다. 세일즈, 마케팅, 홍보 업무 등을 전략적으로 구분하고, 각 업무의 역할을 전문적으로 세분화해 팀원들에게 부여했다. 그리고 APAC 시장을 중심으로 한 해외사업에는 글로벌 마케팅과 필드 영업 인력을 적극적으로 투입함으로써, 부족했던 세일즈 기반을 꾸준히 보강했다.

내가 입사한 지 1년이 넘은 날 문을 두드렸던 APAC 국가 중 가장 먼저 문이 열린 지역은 인도네시아였다. 인도네시아 정부 기관에 우리 회사 제품 수출이 확정됐던 날, 단일 수출 금액이 30억 원에 육박하는 큰 규모의 첫 성취를 잊지 못한다. 그리고 약 1년 후 다시 약 30억 원 규모로 수출. 그렇게 현재 에스투더블유는 인도네시아 시장에만 약 60억 원 규모의 솔루션을 제공하고 있다.

좋은 사람들과 좋은 회사에서 일하다 보면 좋은 일이 일어난다

서상덕 대표의 출장 후기는 어떻게 이유경 상무가 해외사업을 타진

하고 확장해왔는지 섬세하게 관찰하고 고심한 흔적이 담긴 글이었다. 타국에 대한 존중의 태도와 이를 뒷받침하는 커뮤니케이션 실력을 함께 갖춰 흡사 '검은 머리 외국인'이라는 애칭으로 불리는 이유경 상무를 만나 더 구체적으로 그간의 이야기를 들었다.

명지연: 에스투더블유에 입사하게 된 계기와 과정이 궁금한데, 구체적인 설명을 부탁드려도 될까요?

이유경: 동종업계에 속했던 전 직장에서 우연히 서상덕 대표님을 알게 됐어요. 2021년에 다녔던 회사였는데 그 회사도 스타트업이었거든요. 지인이 대표로 만든 회사였고, 저도 합류해서 비즈니스뿐만 아니라 전혀 지식이 없는 상태에서 투자도 리드하고 있었고요. 그 와중에 양사 대표님들이 인사를 나누는 짧은 미팅에서 서상덕 대표님을 처음 만났던 것으로 기억합니다. 그 당시 전 직장에서 투자 라운드를 힘들게 마무리하는 중이었는데, 궁금했던 몇 가지를 서 대표님께 여쭤봤어요. 짧은 미팅이었는데도 대표님께서는 제 질문들을 다 기억하시고 본인이 생각하는 답변을 자세히 정리해서 메일을 보내주셨죠. 그 당시에 느꼈던 감사함, 감동,

따뜻함, 이런 것들이 유난히 인상적이어서 제 개인 메일 보관함에 대표님 답변을 담아두었고, 지금도 간직하고 있습니다. 그런 서 대표님의 리더십이 에스투더블유로부터 입사 제안이 왔을 때 합류를 결정하게 된 가장 큰 계기였습니다.

명지연: 그러셨군요. 서 대표님은 인성과 실력을 함께 겸비한 참 보기 드문 리더이신 것 같아요.

이유경: 맞아요. 또 한 편으로는 같은 업계였기 때문에 에스투더블유의 구성원들을 지켜볼 계기가 몇 번 있었는데, 다 좋은 분들이셨어요. 사업하면서 사업이 잘될 때 함께 즐거움을 나누기는 쉽지만, 시장 상황 등으로 인해 어려워졌을 땐 그 어려운 구간을 함께 견딜 수 있는 좋은 동료를 찾기는 정말 힘든데, 에스투더블유 구성원들과는 그 힘든 시간을 함께 견딜 수 있을 것 같았어요. 이게 입사를 결정하게 된 두 번째 이유였습니다.

명지연: 합류 당시에 품었던 생각은 지금도 여전하신가요?

이유경: 입사한 지 3년이 다 되어가지만 지금도 그 설렘은 동일하게 있어요. 입사 초기의 설렘이 이렇게 장시간 유지되는 회사는 처음인 것 같아요. 저는 '좋은 사람들과 좋은 회사에서

일하다 보면 좋은 일이 일어날 거다'라는 생각이 있거든요. 과거 경험했던 크고 멋지게 성장하는 회사들의 공통점이 제 신념의 증거이기도 한데요. 그들은 공통적으로 '똑똑하고 좋은 사람들이 열정적으로 최선을 다해 진심으로 문제를 계속 해결하는 과정'을 겪었어요. 그래서 좋은 리더, 좋은 동료들을 만날 수 있는 에스투더블유에 입사하면서 설렜습니다.

명지연: 그럼에도 불구하고 매달 잡혀 있는 해외 출장 일정… 많이 고되진 않으신가요?

이유경: 물론 육체적으로 조금씩 힘들게 느껴지는 것들이 있긴 하지만, 우리 회사는 한국의 몇 안 되는 소프트웨어 수출 성공 기업이 될 것이라는 확신을 가지고 임하고 있어요. 해외 전시회에 나가 제품을 알리고 잠재 고객을 직접 만날 때마다, 지난 십수 년간 세계 시장에서 한국의 위상이 많이 높아졌다는 것을 피부로 느끼고 있는 요즘이에요. 약 20년 전 제가 온라인 게임을 수출하던 시기의 한국을 바라보던 시선과 지금 한국을 바라보는 시선은 완전히 다릅니다. 한국 제품의 글로벌 시장 경쟁력은 출발선부터 성공 트랙에 좀

더 가까워졌다고 생각해요. 그래서 해볼 만합니다. 그리고 할 수 있을 것 같아요!

명지연: 20년 전에 구체적으로 어떤 일을 하셨던 건가요?

이유경: 2004년부터 일을 시작했는데, 한빛소프트 해외사업 매니저로 4년간 일했어요. 그후엔 넥슨에서 해외사업개발 부팀장으로 다시 4년을 일했고요. 온라인 게임이라는 개념이 전세계에 처음 소개되고 급격히 성장할 때 한국이 온라인 게임 산업의 부흥을 리드했던 일이었는데요, 소프트웨어로 한국산이 전세계에서 각광받은 것은 온라인 게임이 거의 유일할 거예요. 이때 얻었던 경험이 지금도 '우리 회사 제품이 세계 시장에서 승부를 볼 수 있다'는 자신감을 가지게 된 계기가 된 것 같고요.

명지연: 그렇군요. 상무님이 해오신 업무 맥락이 이해가 되네요. 그럼 그 이후로도 계속 K-게임을 수출하는 업무를 하셨던 건가요?

이유경: 아니요. 2013년부터는 2년간 교육 분야의 글로벌 기업에서 일했어요. 온라인 게임 분야가 재미있긴 했지만, 제가 평생 몸담을 분야라는 생각은 들지 않았거든요. 그곳은 어학

연수, 유학, 교환학생 프로그램 등을 제공하는 회사였는데
요, 제가 평소에 좋아하던 영어와 영어교육업에 도전해보
자 하는 생각으로 들어갔던 회사였어요. 그런데 사실 커리
어에서 가장 암담하던 시기였기도 합니다. 타이틀, 연봉 등
흔히 말하는 조건으로는 가장 빛나는 자리였는데, 내가 왜
이 일을 하고 있는지에 대한 인식 없이 인당 매출, 월간 매
출에만 집착해야 했거든요. '교육'이라는 업의 본질을 느끼
긴 어려웠던 업무였어요.

명지연: 그러셨군요.

이유경: 네, 이후에는 연년생의 두 아이를 키우는 엄마로 살다가
2017년부터 다시 일을 시작했어요. 이케아(IKEA)에서요.

거름처럼 쓰이는 사람

이유경 상무는 2017년부터 이케아에서 일했던 경험을 가장 재미있
고 열심이었던 일의 시기로 기억했다. 어떤 이유에서인지 그 구체적인
마음을 들어봤다.

명지연: 이케아에서는 어떤 일을 하셨어요?

이유경: 이케아에서는 커뮤니케이션 매니저 겸 세일즈 매니저로 일했어요. 3년을 있었는데, 커리어를 통틀어 제일 재미있고 열심히 일했던 시기였어요. 오랜만에 직장으로 복귀해서 그랬던 건지, 아니면 북유럽 회사의 그 특유의 자유로움과 구성원 개개인을 있는 그대로 존중하는 문화가 멋져 보였던 건지… 동료들도 너무 좋았고요. 지금도 일하면서 어떻게 해야 하나 막막할 때 이케아에서의 시간을 되돌아보는 경우가 종종 있어요.

명지연: 어떤 점에서요?

이유경: 이케아는 관리자들에게 많은 의무를 부과하는데요, '매니저'로서가 아니라 '리더'로서 조직을 어떻게 이끌어야 하는지 혹독할 정도의 교육과 평가를 해요. 이케아 매장에 가보면 아시겠지만, 물류창고 운영과 세일즈 그리고 대형 매장 운영이 동시에 이루어져서 리더들은 한시도 긴장을 놓칠 수 없는 환경이거든요. 때로는 바쁜 매장 상황에 따라 내가 직접 지게차를 몰다가, 또 때로는 소파와 침대를 급히 조립해야 하기도 하고. 어떨 땐 식당에서 설거지도 해야 하는.

내가 동료를 '의지하고' 반대로 동료에게 '의지가 되는' 사람
이 되어야만 하는 상황이 시시각각 펼쳐집니다. 전 직장에
비해 연봉은 적어졌는데도 만족도는 최고였어요.

이유경 상무는 아침에 매장 오픈 전 당직 매니저로 최종 준비 상황
을 점검할 때, "조용한 음악 속에서 멋지게 꾸며진 이케아 매장을 혼
자서 천천히, 아주 천천히 걷던 시간"이 커리어를 통틀어 가장 만끽한
일의 순간이었다고 덧붙여 설명했다. 이케아에 대해 이야기할 때 유
독 이유경 상무의 얼굴에서 빛이 났다.

명지연: 그렇게 만족이 컸던 회사를 왜 퇴사하셨던 건지 여쭤보지
않을 수가 없네요.

이유경: 이케아에서 3년 정도 일했는데 2020년에 애플(Apple)에서
입사 제안이 왔어요. 정말 많은 고민이 있었지만, 평범한 직
장인이라면 애플을 누가 거절할 수 있겠어요. 그런데 애플
에 입사한 후… 1년 만에 퇴사를 했어요.

명지연: 네? 왜요?

이유경: 애플은 멋진 회사지만 제 개인적으로는 커리어상 가장 암

울했던 근무지 중 하나였어요. 스티브 잡스(Steve Jobs), 애플 로고, 근사한 아이폰과 혁신의 정신… 그리고 높은 연봉과 함께 최고의 조건에 끌려 급하게 입사한 회사였는데, 막상 들어가보니 제가 자주적으로 할 수 있는 일이 굉장히 적고 본사의 지침대로만 하면 되는 환경이었어요. 이케아에서는 직접 사다리를 타고 올라가 조정한 매장 조명 몇 개로도 매출이 제 손에 따라 아름답게 춤추던 경험을 했다면, 애플에서는 이와 완전히 반대되는 경험을 하게 된 거죠. 좀 더 구체적으로 말하자면, 저는 애플 스토어가 한국에서 처음 론칭했을 때 이를 전국으로 확장하고 성공적으로 자리 잡도록 하는 일을 했는데요. 애플은 제품 홍보, 마케팅, 세일즈 방향이 이미 본사로부터 정해져서 한국에서는 실행만 하면 되는, 사전 세팅이 강박에 가까운 수준으로 완벽했던 회사여서 임직원 개개인이 창의성과 자주성을 발휘할 기회가 적은 환경이었어요. 또 재직 기간 동안 애플워치가 한국 시장에서 론칭됨에 따라 그 일을 돕는 일도 했고요. 이 또한 이미 너무 완벽한 가이드가 본사에서 내려왔기 때문에 그걸 잘 전달하면 되는 위치와 업무였어요. 애플은 본사에서 한국 매장의 아이폰 디스플레이 간격을 센티미터 단위까지 설정해뒀더라고요. 제가 매일 운전을 해서 출근을 했는데, 어느 날 차 안 운전석 옆자리에 빵 봉지, 초콜릿 상자, 사탕 더미가 높이, 더 높이 쌓이는 것을 보고 퇴사를 직감했고요. 평소의 내 모습이 본질적으로 만족스럽지 않으니 순간적이고 자극적인 것들에 손이 가더라고요. 그렇게 입사한 지 1년이 좀 안 되는 시기에 퇴사를 통보했습니다.

명지연: 그러셨군요… 주변에서는 많이 의아해했을 것 같은데….

이유경: 맞아요. 제 주변에서노 의아해하고, 애플 식원들도 의아해하고…. 저도 왜 세계에서 제일 좋은 회사에 입사해놓고 스스로 때려치우려고 하는지, 제 모습이 논리적으로 잘 설명이 되지 않아서 퇴사하겠다고 회사에 알린 날 차에서 펑펑 울었더랬죠. '나는 애플 같은 좋은 직장에 걸맞지 않은 사람인가' 하고요.

명지연: ….

이유경: 그렇지만 지나고 나서 보니 깨닫게 된 것들인데요, 저는 다른 사람들이 다 좋다고 해서 덩달아 좋아지는 부류의 사람이 아니더라고요. 제 선호의 기준이 직장의 외적 조건에만

있진 않구나, 화려한 이름보다는 스스로 어떤 일을 하는지 그 의미가 더 중요한 사람이구나, 하고요. 저에 대해서 깊이 알게 된 짧지만 강렬한 계기였어요. 애플 제품 25퍼센트 할인 혜택을 버린 건 좀 아쉽고요. 하하.

내가 존경하는 이유경 상무의 모습은 이런 것들이다. 2023년에 연재했던 카카오톡 뉴스레터 〈일요일 일요일 밤에〉에서 당시 팀장으로 따랐던 이유경 상무를 글로 묘사한 적이 있다. 해당 글은 10년간 내가 경험했던 회사와 조직문화에 대한 내용의 일부였다.

이유경 상무는 두 아이의 엄마이고 글로벌 회사에서 일한 굵직한 경력들, 그리고 스타트업에 최적화된 리더십을 갖춘 분이라고 느꼈다. 평소에는 귀엽고 사랑스러운 성격의 소유자인데 해외 클라이언트를 대상으로 미팅을 할 땐 날카로운 카리스마를 뿜어내신달까? 그중에서도 가장 존경하는 부분은 그녀의 커뮤니케이션 능력인데, 목표보다 공감, 권위보다 실력, 스킬보다 리더십으로 소통하는 모습들을 보며 깊은 신뢰를 갖게 됐다.

어떤 목표와 그 목표를 수행하기 위한 가이드나 계획이 있을 때 우리는 종종 이것들을 왜 수행해야 하는지 잊곤 한다. 그럴 때마다 이유경 상무는 내가 어떤 부분에서 생각이 막혀있는지 충분히 듣고 공감해주었다.

그 과정에서 나는 이유경 상무의 조언을 이해하고 수긍하면서 나 스스로 다음 목표를 설정할 수 있었다. 그뿐만 아니라 나와도 거의 열 살 정도 나이 차가 나지만 단 한 번도 권위 의식을 느낀 적이 없었다. 이케아에서 손수 지게차를 몰고 설거지를 했다는 모습은 에스투더블유에서도 여전하다. 회의가 끝나면 솔선수범해 뒷정리를 하고 쓰레기를 버리곤 한다.

이유경 상무가 해외사업을 리드하기 시작하면서 회사 내 글로벌 세일즈와 마케팅의 규모가 모두 커졌고, 국내 시장에서의 홍보 및 마케팅도 본궤도에 오르기 시작했다. 그 과정에서 해외사업팀과 마케팅팀은 분리됐고, 나는 퇴사 전까지 팀장으로서 국내외 홍보 및 마케팅을 담당하는 마케팅팀을 이끌었다.

이전 직장에서 프로젝트 단위의 파트장으로서 업무를 리딩한 경험은 있었지만, 팀 전체를 총괄하게 된 업무는 처음이었다. 그때 내게 많은 본보기가 됐던 분이 이유경 상무였다. 팀장은 '스킬'이 아니라

'리더십'이 중요한 자리라고 몸소 보여주었던 덕분에 팀원 개개인이 각자의 전문성을 발휘해 업무에 집중하고 동시에 함께 헤쳐 나가야 할 회사의 중요한 어젠다(agenda)에 힘을 모을 수 있었다. 그래서 내가 팀장으로 일하면서 가장 기뻤던 순간은 맡은 일이 성과가 났을 때보다, 우리 팀 동료들이 모두 즐겁게 일하고 있다고 느낀 순간과 그들이 각자 맡은 일에서 성취감과 협력의 즐거움을 느낄 때였던 것 같다.

인터뷰 중간 에스투더블유에서 일하면서 가장 동기부여를 받는 순간이 언제냐고 물은 내 질문에 대한 이유경 상무의 답도 꼭 그렇다. "옆자리에서 동료들이 바쁜 일과를 소화하다가도 잠시 도란도란 이야기를 나누고 웃음소리가 들릴 때 힘이 난다"고, "정말 바쁜 와중에도 시간을 내 서로를 믿고 의지하며 어려움과 즐거움을 함께 나누는 모습이 폭풍우 속 비바람을 피할 수 있는 작은 마음의 피난처가 된다"고 말이다.

이유경: 내가 온전한 내 모습으로 근무할 수 있다는 안정감을 얻을 때, 다른 누구가 될 필요도 없고, 다른 모습으로 억지로 변장할 필요도 없고, 내 단점 내 잘못을 자유롭게 나의 리더에게 오픈하고, 나누고, 언제든지 조언을 얻을 수 있다는

마음의 안전함 같은 것을 느낄 때 일을 하는 게 큰 기쁨이 돼요.

나는 뒤이어 물었다.

명지연: 스스로 지향하는 '리더' 혹은 '리더십'은 어떤 모습이에요?

이유경: 종국에는 없어도 되는 사람. 지금 내가 가진 것을 다 나눠 주고, 그 자양분을 잘 소화한 후임이나 후배들이 올바르게 조식에 노움이 될 수 있도록 지원하고, 그 과정을 미리 살 살 겪어보면서 본경기에 나가서 폭풍과 같은 성적을 낼 수 있도록 가이드해주는 사람이 리더라고 생각해요. 리더는 이렇게 '거름처럼 쓰이는 사람'이라고 생각합니다. 기술적인 부분 외에도 도덕적 방향을 잘 제시해줄 수 있는, 그래서 조직 구성원들이 여러모로 멋진 리더로 성장해서 저와는 다른 국면의 조직과 시장 상황을 맞이했을 때 저보다 더 잘 대응할 수 있도록 준비시키는 사람이 리더라고 생각하고, 그렇게 될 수 있도록 노력하고 있습니다.

워싱턴포스트에 실린 '엄마'라는 직업

이유경 상무에게는 어떤 아우라 같은 게 있다. 단단하고 자신감 있게 뿜어져 나오는 빛인데, 거기엔 자신이 거름처럼 쓰이길 바라는 마음이 있다. 그래서 빛이 난다. '알아봐달라'고 내세우는 빛이 아니라 '쓰이라'고 내리쬐는 빛이라서. 인터뷰 후반부에 이르러 나는 마지막 질문을 했다.

명지연: 이제 마지막 질문으로 가볼게요. 인생에서 가장 크게 스스로를 변화시킨 사건이 있다면 무엇인가요?

이유경: (잠시 고민하다가) 아무래도 엄마가 된 일인 것 같아요. 2015년에 첫아이가 태어났어요. 아이가 자라는 모습을 보면서 저의 면면, 이를테면 어떻게 지금의 기질과 성격, 습관과 성향을 가지게 됐는지 저의 면모를 더 잘 이해할 수 있게 됐어요. 내가 어떤 한계를 가지고 있는지도 더 잘 알게 됐고요.

그리고 덧붙이기를 "육아의 매일매일은 '내가 어찌 이리 못난 사람인가를 시시각각 확인하는 다소 고통스러운 여정"이라고 했다.

이유경: 평생 내 인생에서 내가 주인공인 삶을 살다가, 모든 스포트라이트가 아이에게 가게 되고 내가 엑스트라나 무대 보조로 변하게 되는 충격이 처음에는 다소 고통스럽다가… 무대 뒤의 평화로움과 안정감을 받아들이고 즐길 수 있게 되면서부터 인격적 성숙도가 갖춰지기 시작한 것 같아요. 지금은 그게 좋아요. 모든 현상의 이면에는 그 이유가 있는 것처럼, 각 사람에게도 그 사람의 겉모습 이면에 어떤 이유가 있다는 것도 아이를 키우면서 이해하게 됐고요. 나 스스로와 다른 사람을 바라보는 시각이 좀 너그러워졌다고 해야 할까요?

명지연: 저도 결혼 2년 차 가임기 여성으로서 임신과 육아의 과정이 설레기도 하고 두렵기도 한 것 같아요. 또 일을 좋아하고 계속하고 싶은 여성 입장에서 고민도 많은 것 같고요. 회사에선 상무로, 집에선 두 아이의 엄마이시잖아요. 현실적으로 여성 리더로서 일하기 어려운 점은 없으신가요?

이유경: 물론 잦은 출장 때문에 학기 초반에 아이들의 준비물을 제

대로 챙겨주지 못해 담임선생님께 꾸중 듣는 전화를 가끔 받는 경우는 있어요. 그 때문에 아이들에게 조금 미안한 마음도 있고요. 하지만 아이들도 남편도 이해를 잘 해줘서 고맙지요. 아이들에게는 태어나면서부터 엄마는 '일 때문에 가끔 바쁜 사람'이었거든요. 대신 다른 엄마들보다 우리 엄마는 세상에 대한 다소 넓은, 점잖은, 냉정한 시각을 제공할 수 있는 사람이고 조금은 똑똑해 보이는 사람이라고 인정해줄 때 제 의도대로 잘 진행되고 있어서 기쁜 마음이 있고요. '앞으로도 이런 마음이 변하지 않고 지속될 수 있도록 나도 잘해야 하는데' 하고 긴장도 되고요. 대신 매일 지키려고 노력하는 부분은 저녁 식사는 정말 예외적인 상황을 빼고는 가족과 함께해요. 되도록 저녁 6~7시 사이에 집에 도착해서 저녁을 준비하고 가족과 함께 먹고요. 숙제도 함께하고 설거지도 하고, 아이들 잠잘 때까지 가족과 함께 시간을 보내요. 핸드폰도 멀리 두고요. 물론 급한 일이 생겨서 핸드폰에 눈을 가져가야 하는 경우가 있는데 이때는 가족에게 먼저 사과합니다. 그리고 10시 정도에 다시 일을 시작하거나 잠들어요. 주말에도 되도록 여행을 다니는 등 시간을 많이 보내요. 이 모든 것이 가능한 것은 남편의 전폭적인 지지 덕분이고요. 모든 육아와 집안일을 공평하게 분담하고, 주말 근무가 있을 때, 해외 출장이 있을 때 어린 연년생 아이들 독박 육아를 마다하지 않는 저의 육아 파트너 없이는 이 모든 게 불가능했을 것이고, 앞으로도 불가능할 겁니다.

나는 가끔 이유경 상무의 단란한 가족사진을 보고 있으면 마음이 벅차다. 이토록 충실한 리더이자 엄마라니. 하나만 잘 해내기에도 버거운 이 삶에서 문득 그 두 가지가 공존할 수 있어 보인다. 그녀의 연년생 아이들이 나이가 들어 엄마의 나이쯤 됐을 때 이토록 자주적이고 책임을 다하는 엄마의 존재를 깨닫게 되면 얼마나 존경스러울까?

이유경 상무의 워킹맘 스토리는 미국의 대표적인 일간지 '워싱턴포스트(Washington Post)'에도 실렸었다. 당시 일론 머스크(Elon Musk)가 전세계적으로 선진국을 포함한 많은 지역에서 출산율이 낮아지고 있는 와중에 "한국은 특이하게 그 속도가 너무 빠르다"며 유독 저조한 한국의 출산율에 대해 지적한 적이 있다. 이에 '어떤 이유' 때문에 한국에서 이와 같은 현상이 생기는지 분석하고자 워싱턴포스트에서 한국의 육아 난도에 대해 들여다보는 기획 기사를 준비하게 된 것이다. 이때 이유경 상무에게 취재 요청이 왔었다.

나 또한 당시 이 기사를 읽었는데, 한국 워킹맘의 하루는 어떤지, 무엇이 한국에서 아이들을 키우는 워킹맘에게 걸림돌이 되는지를 다루고 있었다. 또한 이유경 상무가 연년생 아이 둘을 키우는 동안 뼈저리게 느낀 경력 단절의 현실과 한국 내 절반 이상의 경력 단절 여성들이 직장으로 돌아오지 못한다는 통계도 포함됐다. 회사 생활에 올인해야 승진할 수 있는 분위기 때문에, 워킹맘에게는 육아와 업무를 병행해야 하는 상황에서 분명히 눈에 보이지 않는 '유리 천장(glass ceiling)'이 존재한다는 내용까지. 더불어 해당 기사는 초등학생 아이들의 일과가 대부분 오후 3~4시면 마무리되는 데 반해 부모의 회사 업무가 마무리되는 시간은 주로 저녁 6~7시 사이이고, 그 사이에 아이들을 안전하게 맡길 수 있는 시설이 충분히 마련되어 있지 않은 한국 사회의 현황에 대해서도 알려주었다.

가끔 살아온 인생의 궤적이 비슷하다는 느낌을 주는 사람들을 만날 때가 있다. 나는 10년에 한 번 정도 만나는 이런 이들을 '귀인'으로 여기는데, 이유경 상무가 미리 걸어간 조직의 리더라는 길, 일과 육아를 병행하는 워킹맘으로서의 삶, 자주적인 이직 결정의 기준 같은 것들이 내게 많은 귀감이 됐다. 한 공간에서 매일 마주 보며 일을 하다 보면 때로는 다 말하지 않아도 눈빛과 걸음걸이만으로 요즘 얼마나 에너지가 채워져 있는지 혹은 빠져 있는지 느낄 때가 있는데, 나는 그럴 때마다 조직을 위해 자신을 '쓰이게 두는' 그녀의 리더십 아래에서 조금이나마 보탬이 되는 팔로워이고 싶었다.

언젠가 꽉 찬 에너지를 선물해드리고 싶어 클래식을 무척 좋아하는 이유경 상무에게 파주에 있는 '황인용 뮤직 스페이스 카메라타'라는 공간을 추천해드린 적이 있다. 라디오 DJ이자 한국방송대상 성우 내레이션상을 받은 황인용 님이 직접 클래식을 신곡해 라이브로 들려주는 음악 감상 공간인데, 그 공간에 가서 눈을 감고 음악을 듣는데 눈물이 주르륵 나셨다고.

인터뷰를 마치며 이유경 상무에게 남은 삶에 있어서 이루고 싶은 버킷리스트가 있는지 물었다. 그녀는 언젠가 "내가 스스로에게 '이 정도면 충분히 열심히 했다'는 생각이 들 때 가장 사랑하는 차이코프스키의 '바이올린 협주곡 라장조 작품번호 35(Violin Concerto in D Major, Op. 35)'를 꼭 라이브로 들어보고 싶다"고 했다. 베를린이나 비엔나에서라면 더 좋겠다고. 아마 첫 소절부터 눈물이 날 것 같다고. 그럼 35분 내내 울어도 좋을 것 같다고.

인터뷰가 끝나고 집에 돌아오는 길. 자연스레 유튜브에서 '차이코프스키 바이올린 협주곡 라장조 작품번호 35'를 검색해 들었다. 그녀는 스스로에게 버킷리스트를 선물할 가치가 충분한 리더이고 엄마이자 아내일 것이다.

'나만큼 서로를 믿는 동료'와 함께

성장의 원동력은 일만 걱정하면 되는 문화

이기욱 상무가 구축한 에스투더블유의 조직문화에는 색다른 구석이 있다. 에스투더블유에서는 조직의 상위 리더나 인사팀에게 임직원들의 출퇴근 기록이 따로 전달되지 않는다. 각 팀의 팀장은 미팅과 대면 협업 등의 일정을 조율하기 위해 팀원들의 출퇴근 여부를 눈으로 파악할 뿐, 이들의 출퇴근 시간을 강제로 지정하거나 근태를 별도로 기록하는 공식적인 제도나 절차는 없다. 또한 재택근무도 언제든지 허용한다. 회사와 집의 거리가 너무 먼 경우 출퇴근을 하다가 지치게 되고, 이는 곧 업무 생산성 저하로 이어질 수 있기 때문이다.

또 폭설이나 폭우로 길이 미끄러워 출퇴근길에 사고 위험이 있는 경우에는, 이기욱 상무가 회사 임직원들이 확인하는 전사 커뮤니케이션 채널에 "오늘은 안전을 위해 임직원 모두 재택근무를 하십시오"라고 메시지를 남긴다. 언제 어디에서 일을 하든지 번거로운 보고 절차를 요하지 않는 '완전 자율 출퇴근'은 "언제 어디에서 일을 하든지 여러분이 각자의 책임을 다하고 있다고 믿는다"는 신뢰의 마음이 담긴 제도일 것이다. 그래서 이런 조직문화는 구성원의 업무 자율성과 몰입도를 함께 높인다.

100명이 넘어가는 조직에서 어떻게 이런 신뢰가 형성될 수 있었을까? 이기욱 상무가 입사 후 처음 했던 일은 '조직 진단'이었다. 풀어서 설명하자면, 이 조직의 구성원들이 어떤 만족과 불만이 있는지 그 마음을 꼼꼼하게 살펴보고 방향을 하나로 모으기 위한 질문과 인터뷰의 과정이었다.

그가 말하길 "조직 진단을 해보니 에스투더블유를 첫 회사로 선택한 많은 임직원이 항상 1등을 해야 한다는 압박"을 가지고 있었다고. 회사가 다루는 기술의 특성상 석·박사 학위를 취득한 후 일을 시작

   다르게 발명하는 일

한 이들이 제법 많았는데, 긴 시간 공부했던 학구열과 해당 기술에 대한 전문성을 가진 이들이 모여 있다 보니, 일을 할 때도 매 순간 각 영역에 있어 최고의 퍼포먼스를 내야 한다고 느낀 듯하다고 말이다.

그런데 대기업에서 중소 조직까지 직접 운영해본 일의 경험을 통해 그가 느낀 교훈은 "매 게임에서 이겨야 한다고 생각하면 부상을 당하기 쉽다"는 것이었다. 그런 방식의 업무 태도는 게임이 단기전일 때는 속도가 나는 것처럼 보이지만, 문제는 그렇게 계속 1등을 해야 한다고 생각하다 보면 부상을 당하기 쉽고, 더 큰 문제는 부상을 당했을 때 막상 출전해야 하는 가장 중요한 경기에는 출전하지 못할 가능성이 매우 높다는 것. 그런 상황은 개인뿐 아니라 조직 차원에서도 가장 손해일 것이고 말이다.

그래서 그는 조직 진단 후 조직원들에게 언제나 1등을 하지 않아도 괜찮다고, 매 게임에서 최선을 다하지 말라고 이야기한다. 1등을 하지 말라고 이야기해도, 스스로 높은 기준을 가지고 있는 후배들에게 '스스로 조절할 수 있는 힘'을 기를 수 있도록 도와주기만 하면, 그들이 반드시 출전해야 하는 게임에서 건강하게 좋은 성적을 거둘 수 있을 것이라 믿었다고 했다.

매일 임직원들이 자기 스스로 회사가 허락한 자유 안에서 자신을 돌보고, 업무에 대한 책임감을 가지고 업무 강도를 조절하며 일하다 보니 에스투더블유의 '완전 자율 출퇴근' 제도는 창업 초기부터 8년 차에 이르는 지금까지 무리 없이 유지되고 있다.

에스투더블유의 특이한 두 번째 조직문화로는 임직원들에게 자기계발을 지나칠 정도로 장려한다는 것이다. 모든 임직원에게 자기계발비를 지원하는 것은 물론 직무 연관성이 있는 선에서 석·박사 학위를 위한 공부를 하는 게 회사와 개인을 위해 도움이 된다는 판단이 서면 회사를 다니면서 학업을 병행하는 것을 허용한다.

또한 그 학업 범위가 'AI'와 '보안'이라는 회사의 주요 기술에 입각한 내용이라면 논문 투고도 적극 장려하는데, 이런 조직문화는 신기하게 실제로 회사의 가장 중요한 클라이언트를 확보하는 데 큰 도움을 주기도 했다. 논문을 작성할 당시에는 예상하지 못했지만, 에스투더블유가 한국과학기술원(KAIST)과 함께 작성한 논문을 통해 이후 '인터폴(INTERPOL)'에서 연락을 받았으니 말이다.

창업 초기부터 장려되어온 이런 문화 덕분에 에스투더블유는 세계 최고 권위의 학회에 수년째 논문을 등재했고, 매년 다양한 글로벌 기술 콘퍼런스의 연사로 초청되고 있다. 논문 투고, 외부 강연 등으로 회사와 함께 개인의 이름이 드러나는 활동을 지향하는 행위는 다른 회사에서는 보기 드문 조직문화다. 어떤 회사와 대표는 회사의 돈으로 임직원들의 자기계발을 적극 지원하는 것이 타사로의 이직을 돕는 위험한 투자 행위로 판단하기도 한다.

그런 면에서 에스투더블유는 굉장히 자신감이 있는 회사라고도 볼 수 있다. 개인의 성장을 적극적으로 지원하는 문화를 통해 개인이 만족하면 그 만족감이 에스투더블유에 계속 소속되고 싶은 만족감을 줄 것이라는 자신감이다. 그 자신감이 바로 회사의 성장동력이 된다.

한국 소프트웨어 수출을 이끄는 힘은 서로를 믿는 마음

2018년에 설립된 에스투더블유는 '다크웹(Dark Web) 분석 회사'로 창업했다. 한국 사회에 '텔레그램(Telegram)'이라는 앱을 부정적인 의미로 처음 대중화했던 'N번방 사건' 때 다크웹에서 불법 거래의 흔적을 잡아내는 데 일조한 기업도 에스투더블유다. 에스투더블유는 다크웹과 텔레그램 등 암호화된 채널의 데이터를 분석하는 것에서 출발해 현재는 조직의 보안 위협을 종합적으로 분석하고, 생성형 AI 기술을 통해 업무 생산성을 강화하는 영역으로 사업을 대폭 확장하고 있다.

에스투더블유는 사업 영역을 확장하기 시작하면서 창업 초기 '빅데이터'와 '보안' 분야에 국한되어 있던 인재 풀을 더 넓혀갔다. 그 과정에서 국내 비즈니스뿐 아니라 해외 비즈니스 가능성을 열어줄 사람이 필요했는데, 그 적임자가 이유경 상무였던 것이다. 이유경 상무는 넥슨 같은 국내 대기업은 물론 애플, 이케아 등의 굵직한 글로벌 기업에서 일한 경력을 보유하고 있지만, 실제 이유경 상무의 이야기를 들어보면 대체로 각 조직이 이미 번성한 시기에 합류했던 게 아니라 조직의 '생존기'에 입사해 '번창기'를 맞이하게 된 것이었다고. 넥슨도 합류 당시에는 그렇게 큰 조직이 아니었고, 이케아도 한국에서는 막 시작하는 단계의 조직일 때 합류했다고 하니까 말이다.

이유경 상무가 경험한 이 모든 조직 사이에는 어떤 공통점이 있었는데, 그건 바로 유능하고 좋은 사람들이 모여 문제를 해결해 나가는 데 집중했다는 사실이다. 다른 말로 하면 조직이 당면한 문제를 해결하는 데 집중하기 위해 '일 외에 다른 것은 크게 신경 쓸 필요가 없는 조직문화'가 있었다. 그리고 에스투더블유에서도 그녀가 경험한 '가파른 성장의 공통점이 있는 회사'의 면모를 자주 발견한다고 했다.

현재 에스투더블유는 '해외 매출의 가속도를 붙이는 문제에 당면

   다르게 발명하는 일

해 있다. 더 공격적으로, 더 가파르게 수출을 이뤄내는 것. 이유경 상무가 국내외 비즈니스를 총괄하면서 아시아 시장을 중심으로 다양한 국가의 중앙정부 기관과 기업 레퍼런스가 생기기 시작했지만, 에스투더블유의 해외 비즈니스는 아직 초기 단계에 있기 때문이다.

에스투더블유는 인도네시아와 싱가포르 등의 중앙정부 기관과 안보 및 보안 솔루션 공급 계약을 맺었다. 최근인 2025년 8월에는 대만과 일본에 이어 사우디아라비아 수출도 성공했다. 몇 년 전 글로벌 시장에서의 첫 공급 계약이었던 인도네시아 정부 기관 대상 수십억 원 규모의 '안보 AI 플랫폼' 수출을 시삭으로 해외사업에 가속도가 붙기 시작했다. 이에 대해 이유경 상무는 한국의 지정학적 특성상 북한, 중국, 러시아 세 개 국가가 가하는 안보 위협과 관련한 데이터를 많이 확보하고 있고, 글로벌 시장에서 인정받는 역량 있는 분석가와 개발자들이 에스투더블유에서 일하고 있다는 사실이 고객사로부터 큰 점수를 받은 것 같다고 회고했다.

현재 에스투더블유의 수출액은 2024년 기준 전체 매출액의 23퍼센트를 웃도며, 수출액 기준으로만 보면 직전년도 대비 6배 성장한 수치다. 이에 힘입어 2024년 9월 매일경제와 글로벌세아그룹이 함께 제정한 '안중근애국기업인상' 제1회 수상 기업이 되기도 했다. '안중

근애국기업인상'은 수출을 통해 한국의 위상을 높인 기업들에 수여하는 상이다.

에스투더블유와 함께 수상한 국내 기업들은 이전부터 압도적인 수출액을 기록하던 곳들이다. 그에 반해 에스투더블유는 수출 초기 단계인데도 이 상을 받았다. 그것이 가능했던 이유는 해외 시장을 향하고 있는 에스투더블유의 사업 방향성에 대한 믿음 아래 앞으로 더 큰 수출 성과를 낼 수 있다고 봐주신 덕분이 아닌가 싶다. 당시 매일경제에 소개된 에스투더블유에 대한 소개 내용은 이렇다.

서상덕 대표는 2018년 딥테크(Deep Tech) 인공지능(AI) 회사 에스투더블유(S2W)를 설립해 한국의 '데이터 인텔리전스' 기술력을 전세계에 알리고 있다. 에스투더블유는 지난해 세계경제포럼(WEF)에서 '세계 100대 기술 선도 기업'으로 선정되며 역량을 인정받았고, 2021년부터 인터폴 공식 파트너 기업으로 선정됐다. 또 국내에서는 국가정보원 '국가사이버안보협력센터'로 활약하고 있다. 전세계적으로 온라인 범죄의 예방이 중요해지면서 해외 진출 또한 더욱 활발해질 것으로 관측되는 유망 기업이다.

   다르게 발명하는 일

'안전한 회사'의 문화 안에서 에스투더블유 조직원들은 본질 외의 일들에 눈치를 보거나 불필요한 일을 하지 않아도 되기에, 일에만 집중하며 해외 진출을 위해 힘쓸 수 있다. 조직의 선배들은 후배들이 마음껏 뛰어놀 수 있는 건강한 문화를 만들기 위해 노력하고, 후배들은 그들의 리더십을 따라 실무적인 문제를 해결하며 힘을 모은다.

그러니 한국 소프트웨어의 세계 진출을 이끄는 힘은 '서로를 믿는 마음'일 것이다. 그 결과의 한 사례가 괄목할 만한 해외 매출 성과와 앞으로의 무한한 성장성이다.

도모

"고객사 장애 또는 요청에 따라 트러블 슈팅을 해야 하는 상황이 종종 있었는데, 그때마다 제가 잘 모르면서 겉핥기식으로 해결하러 다니는 느낌이 싫었던 것 같아요. 그래서 제대로 해결하고 싶어서 주말에도 공부를 하면서 다닌 거죠."

_**체예성 수석**, 인프라팀

합심

"혼자서 할 수 있는 일의 종류와 크기는 한정되어 있고, 더 많은 일을 빠르게 하려면 협력해야 한다고 절실히 느꼈습니다. 동료가 하는 생각, 행동, 의도 등 다양한 요소가 결과물에 영향을 미치고, 이런 요소에 대한 이해가 없으면 제대로 된 일을 할 수 없더라고요."

_**이승현 수석**, KE팀

한 사람의 영웅이 아닌, 모두의 자리에서

도모

어떤 일이든지 묵묵하게, 생존을 모색하는 힘

살길을 도모한다는 것

처음 서상덕 대표, 이기욱 상무와 이 책에 대한 논의를 시작할 때, 우리가 전하고자 한 이야기는 스타트업의 창업기나 기술 경영서가 아니라 "누구와 함께 일하고 싶은가?"라는 질문에 답해나가는 연대기에 가까웠다. 그래서 우리는 에스투더블유 창업 멤버와 C 레벨 외에도 이 질문에 답해줄 수 있는 사람이 누가 있을지 깊이 고민했다. 그런 고민을 하던 중 이기욱 상무가 인터뷰이로 가장 먼저 추천했던 인

다르게 발명하는 일

물이 제품개발센터 내 인프라팀의 채예성 수석이었다.

이기욱 상무에게 붙잡혀 인터뷰를 하러 오는 내내 "저보다 이 책에 더 잘 어울리는 유능한 분들이 회사에 많은데, 왜 저를 인터뷰하시느냐"라면서 붉어진 얼굴로 손사래를 치던 채예성 수석의 표정이 눈에 선하다. 아마도 이런 겸손함과 사람됨이 이기욱 상무가 우리의 조직 문화를 대표하는 얼굴 중 하나로 그를 떠올린 게 아닌가 싶다.

인터뷰를 진행하기 전까진 조직 내 속한 부서가 너무 달라서 이야기할 기회가 없었던 채예성 수석을 드디어 만나 물었다.

명지연: 이기욱 상무님이 에스투더블유 인터뷰이로 예성 수석님을 추천해주셨는데요, 심지어 "채예성 수석은 내가 다시 롯데 그룹 임원으로 이직 제안을 받았을 때 에스투더블유에 남기로 한 이유"라고까지 말씀해주셨어요. 그러니 무조건 인터뷰를 해달라고요. 혹시 이기욱 상무님이 수석님을 인터뷰이로 지목하신 이유를 스스로 짐작해본다면 어떤 점이라고 생각하세요?

채예성: 잘 모르겠습니다… 정말요.

명지연: 그럼 지금부터 제가 인터뷰를 하며 알아가보겠습니다.

짧은 정적과 함께 그와의 인터뷰를 시작했다. 회사라는 조직에는 창업가나 C레벨의 임원들만 있는 것이 아니다. 수석, 책임, 선임, 나아가 인턴 직원들까지 다양한 직급과 배경을 가진 이들이 함께 모여 협업한다. 단 한 명의 리더가 회사의 전체를 대변할 수 있는 것이 아니라, 그 모두가 모여 '에스투더블유'라는 통합된 문화를 만든다.

명지연: 저는 태생이 문과 출신이라 '인프라' 업무라는 것이 정확히 무엇인지 감이 안 와요. 에스투더블유에서의 일과를 업무 시간대별로 예를 들어 설명해주실 수 있나요?

채예성: 네, 보통 오전 7시 정도에 일어나서 아침을 먹고, 출근 전에 집에서 인프라 점검을 하며 하루를 시작해요. IT 회사에서 인프라 업무라고 하면, IT 시스템이 안정적으로 운영될 수 있도록 하는 기반 환경을 구축하고 유지하고 관리하는 일을 의미해요. 그래서 아침에 일어나 혹시 자는 동안 인지하지 못한 시스템 장애가 있었는지 점검하고, 문제 발생 시 원인 파악 및 조치를 합니다. 이런 문제 해결 과정을 '트러블슈팅(trouble shooting)'이라고도 표현하죠. 그러고 나서 오전 10시 전까지 회사로 출근해요. 오전 중에는 인프라 점검 및

작업, 시스템 운영 및 유지보수 등의 업무를 마저 하고요. 여기에는 서버 및 네트워크 관리, 장애 대응 및 시스템 모니터링 등의 일들이 모두 포함되어 있어요. 점심 이후 오후에는 조금 더 중장기적 관점에서 인프라 운영을 위한 계획, 플랫폼 아키텍처 역량 강화, 로깅/모니터링 통합 구축 및 운영, IDC/오피스 네트워크 성능 개선 등의 작업을 합니다. 특히 정부 기관과 기업 데이터를 다루는 우리 회사의 특성상, 개발자가 제품의 기능을 개발하는 동안 인프라 엔지니어는 안정적인 인프라 환경을 구축하는 게 매우 중요해요. 팀장님의 리드 아래 개발자가 개발에 더 집중할 수 있는 환경을 만들기 위해 팀 전체가 업무를 진행하고 있습니다. 하나의 예시로 2024년 9월에 에스투더블유의 안보 빅데이터 플랫폼 자비스(XARVIS)를 인도네시아 정부 기관에 공급한 일이 있었는데요, 이때 인프라 구축 업무를 팀에서도 함께 수행했습니다. 또 같은 해 5월에는 현대제철에 생성형 AI 플랫폼을 공급했어요. 현대제철 임직원들이 사용할 수 있는 사내 지식 정보 플랫폼을 구축한 일이었죠. 이런 구축형 프로젝트를 진행하게 되면 팀장님 리드 아래 인프라 설계,

구축, 교육 등을 진행합니다. 인프라 구축 특성상 인프라팀 단독으로 할 수 있는 일은 아니며, 운영 및 성능 등 다양한 측면을 고려해 여러 개발자분들과 함께 수행합니다.

명지연: 하시는 업무는 재미있으신가요?

채예성: 물론입니다. 저에게 인프라 업무가 재미있는 이유는 성취감 때문인데요. 처음에는 몰랐는데 이 업무를 계속하다 보니까 알게 되는 부분들이 있더라고요. 그런 게 좋아요.

명지연: 예를 들면요?

채예성: 예를 들어 사무직이 주로 하는, 프레젠테이션을 위한 장표 제작 업무는 저한텐 큰 흥미가 없는 일인데요. 말씀드렸던 트러블 슈팅처럼 인프라 업무는 문제가 생겼을 때 이걸 해결하는 과정이거든요? 그 해결 과정이 좋아요. 물론 해결하지 못할 때도 있지만요.

명지연: 아하, 어떤 업무 성향을 좋아하시는지 알 것 같아요. 처음 인프라 업무를 하게 된 계기는 어떻게 되세요?

채예성: 2013년에 다녔던 첫 회사에서 애플리케이션 성능 모니터링 솔루션을 구축, 유지보수, 교육하는 업무를 했는데요, 이 업무를 하면서 개발 및 운영팀과 함께 여러 고객사의 이슈를

해결하는 과정을 거쳤어요. 그러면서 어깨너머로 고객사 실무팀이 맡은 인프라 운영에 참여할 기회가 많이 있었고요. 그후에 인프라 업무에 본격적으로 관심이 생겼습니다. 그래서 퇴사하고 나서 학원을 다니며 배웠고, 이후 2014년부터 이 업무를 계속하게 됐죠.

명지연: 어깨너머로 업무를 본다고 해서 다 관심이 생기는 건 아닐 텐데…

채예성: 음… 저는 그저 고객사 장애 또는 요청에 따라 트러블 슈팅을 해야 하는 상황이 종종 있었는데, 그때마다 제가 잘 모르면서 겉핥기식으로 해결하러 다니는 느낌이 싫었던 것 같아요. 그래서 제대로 해결하고 싶어서 주말에도 공부를 하면서 다닌 거죠.

명지연: 세상에, 문제 해결의 끝판왕이시네요!

채예성 수석이 머쓱한지 머리를 긁적였다.

명지연: 이야기가 좀 샜는데, 다시 돌아가서 여쭤보면… 요즘은 회사 일과가 끝난 이후 스케줄이 어떻게 되세요?

채예성: 회사에서 업무가 끝나면 오후 6시쯤 퇴근을 하고요. 집에 가서 저녁을 먹고 집안일, 장보기, 아이와 놀아주기 등을 합니다. 아이가 요즘 단어를 하나씩 습득하는 시기라서 책도 많이 읽어주고 있고요.

명지연: 하루가 정말 꽉 차 있네요. 저도 남편과 출산 계획에 대해 가끔 이야기하곤 하는데, 막상 또 일과 병행할 엄두가 안 나기도 하고요.

채예성: 육아가 생각보다 힘든 과정은 있지만, 저와 아내를 닮은 아이의 존재가 신기하기도 하고 아이가 성장하는 모습을 보면 사랑스럽고 기쁘고 그래요. 요즘은 단어를 배우면서 책에서 풍선이 나오면 '노란 풍선', '파란 풍선' 하고 하나씩 단어를 이야기하는데 참 신기하거든요.

명지연: 제가 10년 전 다녔던 첫 직장에서 남자 선배들이 아이 키우는 모습을 많이 봤었는데… '100일의 기적'이란 말도 있던데요? 100일 동안은 아이가 통 잠을 못 자서 전부 다크서클이 까맣게 내려오다가, 100일 지나고 나면 이제 조금 살 것 같다면서.

채예성: 하하, 그렇죠.

명지연: 밤에 아이가 자고 나면 그때부턴 좀 쉬기도 하시나요?

채예성: 인프라 업무 특성상 늦게도 일을 봐야 할 때가 있어서 저녁 10시부터 다시 회사 업무를 잠시 볼 때도 있고요, 남아 있는 집안일을 하기도 하고요. 또 제가 관심 있는 분야에 대한 공부를 좀 하면서 새벽 1시 정도까지 시간을 보내고 있어요.

명지연: 공부요?

채예성: 네, 제가 로봇, 자율주행, 드론 같은 것들에도 관심이 있는데, 요즘은 로봇 만들기부터 시작해보고 있어요.

명지연: 로봇 만들기라니! 어떻게 관심을 가지게 되신 거예요?

채예성: 아, 처음에는 세상이 워낙 빠르게 바뀌고 평생 일을 해야 한다는 생각을 하다 보니 인프라 업무 외 미래 산업의 먹거리도 준비하는 사람이 되고 싶어서 시작했는데요, 미래에 많이 생길 만한 기술이 뭘까 생각하다 그 세 가지를 떠올렸어요. 회사 업무와 육아를 병행하고 있기에 한 번에 다 할 수는 없으니, 하나씩 시작해보기로 하고 로봇을 만드는 스터디를 먼저 시작했고요.

명지연: 그렇군요. 회사 업무를 하면서 미래를 위한 공부를 하는 거

정말 쉽지 않은데 대단하세요. 어떻게 구동되는 로봇인지 좀 더 구체적인 설명을 부탁드려도 될까요?

채예성: 쉽게 설명하면 '로봇청소기' 아시죠? 일반 가정에서도 많이 사용하는 로봇청소기요. 로봇청소기처럼 레이더를 통해 주변 장애물을 감지해 로봇 안에 지도를 저장하고, 저장한 지도를 사용해 출발점에서 목표 지점까지 장애물을 피해 이동하는 로봇이에요. 조립해서 만드는 작은 장난감 자동차 같은 모형이고요. 배우는 과정이 정말 재미있습니다. 앞으론 4족 보행 로봇, 드론 같은 것들도 꼭 도전해보고 싶어요.

채예성 수석은 인터넷 카페에서 사람을 모아 매주 한 번씩 분기별 프로젝트로 로봇 만들기를 하고 있다고 했다. 언젠가 회사 생활을 끝내고 남은 삶을 준비할 수 있는 시기가 오면 사업을 하고 싶다고. 그리고 그때가 되면 지금 하고 있는 로봇이나 자율주행에 대한 공부가 분명 도움이 될 거라고 생각한다고.

나는 10년간 회사 생활을 하며 많은 30대를 봤다. 스물다섯에 첫 직장으로 아모레퍼시픽에 입사했는데, 당시 나보다 열 살 정도 많았던 선배들은 지금의 채예성 수석과 나이가 같았다. 그들도 돌이 채

지나지 않은 어린아이를 둔 젊은 아버지였고, 회사 내에서는 허리 역할을 하는 중추 직급의 선배였다. 조직에서 가장 중심이 되는 일을 해야 할 경험과 연차이기에, 과중한 업무와 육아에 치여 무언가를 새로 배우는 기쁨보다는 얼른 퇴근해 쉬고 싶은 마음이 기저에 깔려 있어 보이곤 했다.

그런데 채예성 수석은 여전히 배우고 싶어 하는 사람이었다. 현재에도 충실하지만 미래 사회에서도 변화될 길을 먼저 준비하고 가정의 버팀목이 되어줄 것 같은 사람. 서른 중반을 지나 마흔을 향해 가면서 배우고 싶은 열망과 노력을 지속한다는 건 잠 귀한 일이다. 한마디로 그는 미래를 도모할 줄 아는 사람이었다.

저 말고 다른 사람을 채용해주세요

이기욱 상무가 인터뷰이로 적극 추천한 채예성 수석은 언제 어떻게 에스투더블유에 입사하게 됐을까? 그 구체적인 이야기도 들어봤다.

명지연: 에스투더블유에는 언제 입사하셨어요?

채예성: 2019년에 입사했어요.

명지연: 그때면 에스투더블유가 창업한 지 1년 정도밖에 안 된 때
가 아닌가요? 정말 초기 멤버이시네요.

채예성: 네, 이제 6년 정도 근무한 것 같네요.

명지연: 입사 당시에는 몇 분 정도의 임직원 분들이 계셨어요?

채예성: 아마⋯ 아홉 분 정도 계셨던 걸로 기억해요. 제가 열 번째
멤버 정도 될 것 같아요.

명지연: 그럼 그때부터 계속 인프라 업무를 담당하신 건가요?

채예성: 아니요. 처음에는 총무 업무부터 했어요.

명지연: 총무 업무요?

채예성: 네, 저는 전략기획실 서현민 이사님 추천으로 이 회사에 오
게 됐는데요. 서 이사님은 2018년도에 초기 멤버로 에스투
더블유에 합류하셨는데, 저랑은 전 직장의 파트너사로 만
나 인연이 있었거든요. 바로 옆 건물에서 근무했어요. 저에
게 업무적인 도움과 격려를 많이 주시곤 했는데, 당시 에
스투더블유로 이직하신 후에 회사에 구경 한번 오라고 하
시더라고요. 그래서 별생각 없이 정말 놀러 왔는데, 서상덕
대표님께서 갑자기 회사 소개를 해주시더니⋯ 입사 제안

　　　　　　　　　　　　　　　　　　　　　

을….

명지연: 하하, 역시 그때도 이기욱 상무님이 저에게 예성 수석님을
추천해주신 것처럼 눈에 띄셨군요.

채예성: (손사래를 치며) 아니요, 전혀요. 서 이사님이 워낙 말씀을
잘해놓으셔서 제가 그런 사람이 되어 있더라고요. 그래서
입사 제안을 해주신 것 같아요. 그런데 저보다 다른 분을
뽑으시는 게 좋을 것 같다고 거절 의사를 전달했어요.

명지연: 네?

채예성: 그 당시에 이 회사에 저보다 다른 사람이 더 필요할 거라고
생각했거든요. 저 말고… 다른 개발자요.

명지연: 정말 겸손하시네요.

채예성: 아니요, 겸손해서가 아닙니다. 당시에 제가 함께 일하는 것
보다 자비스 제품의 PO(Product Owner)이신 윤창훈 상무님
과 함께 제품을 개발해줄 사람이 더 필요해 보였어요. 저는
그전까지 개발을 해본 경험이 없어서, 주니어로 제가 개발
을 배우면서 시작하는 것보다 경력 있는 시니어 개발자가
와서 빨리 제품을 만드는 게 이 회사에 더 도움이 되는 일
이라고 생각했거든요.

명지연: 그럼 그후에 입사는 어떻게 하신 거예요?

채예성: 아, 그후 6개월 정도 시간이 흘러서 2019년에 다시 회사에서 연락을 주셨어요. 그래서 입사하게 됐고요. 2018년에 처음 제안받았을 때는 다섯 명 안쪽의 인원이었던 걸로 기억하는데, 다행히도 제가 입사한 당시에는 든든한 개발자분들이 충원된 상태여서, 그땐 제안 주신 것을 감사하게 승낙했습니다.

명지연: 아하, 그렇게 입사하셔서서 총무 업무를 시작하신 건가요?

채예성: 네, 손이 부족할 때니 맡겨주시는 일은 뭐든 했어요. 지금은 인프라 업무를 하지만 초기에는 총무 업무도 했고, 프로젝트에 조인되어서 개발 업무도 조금 했고요. 그러다 회사가 커지면서 IT 장비가 계속 늘어났고, 이후부터는 본업이었던 장비 유지보수, 방화벽, 네트워크, 서버 관리 등 운영 업무 위주로 하고 있습니다.

일을 한 지 7년 차쯤 됐을 때, 조직에서 구분하는 '시니어'와 '주니어'의 경계가 궁금했던 적이 있었다. 누군가 어떤 조직의 '시니어 매니저'라고 자신을 소개할 때 '주니어 매니저'와 그는 어떤 차이가 있는 걸까?

지금은 그후로 다시 4년의 세월이 흘러 11년 차에 접어들고 보니 자연스레 한 팀의 리더 직급을 경험하게 됐고, 내가 따라야 할 사람들만큼 나 스스로 목표와 가이드를 만들어 동기부여해야 하는 팀원들이 생겼다. 이 과정에서 조직의 현재 상황에 대한 관찰이 필요했다. 예를 들면 '대표님은 왜 이런 의사결정을 하셨을까?', '상무님이 오늘 회의에서 이 안건을 꺼내신 이유는 무엇일까?' 같은 고민들이었다. 그 고민의 끝에서 본래 내가 맡은 일과 우리 팀이 맡은 일 외에도 조직이 당면한 문제를 해결하기 위해 먼저 하겠다고 자원하는 일들이 생겨났다.

그러면서 깨닫게 된 것이 '시니어 매니저'라는 건 단순히 연차나 직급으로 구분되는 게 아니라, 나보다 조직 전체를 기준으로 '해야 할 일'을 결정하는 사람인 것 같다는 배움이었다. 다른 말로 하면 내가 맡은 일을 완벽하게 잘 해내는 것보다 조직 안에서 나의 존재를 유동적으로 인식하고, 언제든지 조직에 도움이 되는 일이라면 조금 어눌한 면이 있더라도 기꺼이 포지션을 바꿀 수도, 일의 종류와 성향을 바꿀 수도 있는 그런 존재.

그런 면에서 채예성 수석은 6년 차에 이미 '시니어'가 아니었을까 싶다. "저는 어떤 직급으로 이 회사에 오는 건가요?", "제가 받을 수 있는 연봉은 얼마인가요?", "저는 인프라 일을 해왔고 그 일을 잘하니 그 일만 할게요" 하는 이들과 정반대되는 사람. 회사를 위해 자신 말고 더 좋은 사람을 채용해달라던 채예성 수석의 과거 모습이 마치 본 것처럼 그려졌다. 마지막으로 그에게 인생에서 가장 중요한 세 가지가 무엇이냐고 질문했다.

채예성: 사랑, 지혜, 건강이요. 다른 말로 하면 '사랑하는 마음을 가지고 건강하게 살면서 지혜롭게 말하고 행동하는 것'이요.

이미 몇 회차의 인생을 살아본 듯한 채예성 수석의 답변에 한 가지 항목씩 되물어보았다. 왜 사랑과 지혜와 건강을, 인생의 가장 중요한 것들로 꼽으시냐고.

채예성: 음… 평소에 정확하게 생각해본 적은 없어서 고민을 했는데요. 처음에 '사랑'을 생각한 건 내가 뭔가를 할 때 애정을 가지고 대해야 힘든 일이 있고 넘어지더라도 다시 일어설 수 있다는 생각이 들어서였어요. 사람도 일도 사랑하는 부

분이 없으면 존재하지 않을 것 같다고 생각하거든요. 사랑하니까 시작할 수 있고 문제가 생겼을 때도 함께 이겨낼 수 있는 거죠. '지혜'는 삶의 좋은 태도를 만들어준다고 생각해요. 우리는 살면서 한 가지라도 더 지식을 습득하려고 하지만, 지식이 많은 것과 지혜롭게 말하고 행동하는 것은 다르다는 생각이 들었어요. 물론 지식도 중요하지만 지혜로운 말과 행동이 더 중요하다고 생각했습니다. 마지막으로 '건강'은… 아프면 속상하잖아요. 열심히 살고 돈을 모았어도 그 돈이 병원비로 다 나가는 거니까.

채예성 수석과 인터뷰를 하며 왜 이기욱 상무가 나를 그 앞에 세웠는지 조금은 알 것 같았다. 자신보다 조직 전체를 생각하고, 현재만큼 미래를 열심히 도모하고, 사랑하는 마음을 가지고 지혜롭게 살기 위해 부단히 노력하는 사람. 그러니 그는 에스투더블유 조직문화에 가장 잘 어울리는 사람 중 한 명일 것이다.

합심

더 멀리 가기 위한
연대의 마음

회사 안의 회사

　올해 초 에스투더블유에서 전사 리더들을 대상으로 '리더십 부트 캠프(Leadership Boot Camp)'를 열었다. 쉽게 말해 올해 집중적으로 회사의 리더들이 힘을 모아 해결해야 할 문제를 치열하게 논의하는 '리더십 워크숍'이었다. 리더십 워크숍의 순서는 각 팀의 리더들이 지난 한 해 동안 잘했던 점과 아쉬웠던 점에 대해 목표 대비 성과를 리뷰하고, 해당 세션이 끝나면 모두 함께 올해 해결해야 할 문제를 정의하는 식으로 진행됐다.

이때 내게 유독 눈에 띄었던 분이 KE(Knowledge Engineering/지식 공학)팀의 이승현 수석이었다. 이승현 수석은 지난해 팀이 성취한 성과와 목표 대비 아쉬웠던 점이 무엇이었는지 설명하는 세션을 진행할 때 유독 회사의 목표와 팀의 역할 사이의 관계, 조직에서 마땅히 해야 할 기능과 업무 처리량을 강조해 발표했다. 그의 발표를 들으니 조직의 목표에 공감해 일사불란하게 움직이는 KE팀 각 구성원들의 역할이 자연스레 머릿속에 그려졌다. 마치 'KE팀'이라는 하나의 조직이 '회사 안의 회사'로 독립적인 작용을 하는 듯했다.

에스투더블유의 KE팀은 핵심 기술을 제품화하는 데 애쓰는 팀이다. 크게 두 가지 파트가 있는데, 우선 프로젝트를 설계하는 '설계' 파트가 있고 다음으로는 핵심 기술을 제품화하는 '개발' 파트가 있다. 특히 요즘은 '에스에이아이피(SAIP/S2W AI Platform)'을 설계하고 개발하는 일에 주력하고 있다.

에스투더블유가 다크웹 분석에서 시작해 AI 기술 회사로 거듭나면서 최근 AI 플랫폼 구축과 관련된 업무 비중이 높아졌지만, 기술을 '제품화'하는 과정은 에스투더블유의 다른 제품들에도 동일하게 적용된다. 그래서 KE팀은 안보 빅데이터 플랫폼인 '자비스(XARVIS)', 사이버 위협 인텔리전스 플랫폼인 '퀘이사(QUAXAR)', 그리고 '에스에이아이피(이하 SAIP)'와 같은 에스투더블유의 3대 제품 PO와 함께 유기적으로 일한다.

꽃이 피기 시작한 따뜻한 봄날 이승현 수석을 만나 에스투더블유의 고유한 지식 기반 기술이 어떻게 고객사가 사용하는 제품으로 만들어지는지 들어봤다.

명지연: 승현 수석님, 안녕하세요. 꼭 한번 인터뷰이로 모시고 싶었습니다.

이승현: 안녕하세요. 불러주셔서 감사합니다.

명지연: 지난 리더십 부트 캠프에서 수석님 발표가 굉장히 인상적이었어요. 그래서 인터뷰이로 모셔야겠다고 다짐했습니다.

이승현: (머쓱해하며) 어떤 부분이 인상적이었을까요?

명지연: 음… KE팀이 다른 팀 대비 많은 팀원이 있잖아요. 한 팀에 팀원이 다섯 명만 되어도 팀을 매니징하는 일이 상당히 난도가 높은 과정인데, 한 팀에 열 명 넘는 팀원들과 함께 일하고 있는 리더는 어떤 마음일까 싶은 생각이 있었거든요. 그런데 리더십 부트 캠프 세션을 듣고 KE팀을 '회사 안의

　　　　　　　　　　　　　　　　　　　　　　　　다르게 발명하는 일

회사'라고 표현해도 될 만큼 굉장히 기능 중심으로 움직이는 '조직적인 팀'이라는 인상을 받았습니다.

이승현: 그런가요? 의도한 바이긴 한데… (웃음) 알아주셔서 감사합니다.

명지연: 네, 또 KE팀이 어떤 업무를 하는 팀인지 좀 더 구체적으로 이야기하면서, 어떤 문제를 해결하는 팀인지에 대해 설명해주신 것도 인상적이었고요. 그 당시에 하신 말씀을 다시 설명해주실 수 있을까요?

이승현: 네, 저는 KE팀의 존재 목직은 문제를 기술로 해결히고 제품에 접목해 안정적인 매출 파이프라인을 구축하는 기술적 토대를 마련하는 팀이라고 정의하는데요. 그 목적 아래 세 가지 목표를 가지고 있다고 볼 수 있어요. 첫 번째는 '기술 경쟁력 확보' 측면에서 핵심 기술에 대한 연구 및 프로토타이핑(prototyping)을 수행하는 것. 두 번째는 '매출 증대' 측면에서 신규 사업 및 프로젝트를 수행하는 것. 마지막 세 번째는 '원가 개선' 측면에서 사내 기술 부채 및 비효율을 해결하는 것입니다. 첫 번째 목표는 미래 먹거리를 위한 투자라고 생각하고요. 두 번째 목표는 현재 매출을 위한

활동, 마지막 목표는 과거 부채에 대한 해결이라고도 볼 수 있을 것 같아요.

명지연: 와, 맞아요. 미래, 현재, 과거로 귀결되는 관점. 바로 이 내용이었어요! 팀이 해결해야 하는 목표를 문제에 대한 정의로부터 시작한 점이 인상적이었거든요. 특히 그중에서도 세 번째 목표요.

이승현: 원가 개선에 대한 부분이요?

명지연: 네, 저는 기본적으로 비즈니스센터 소속이라 회사에서 매출이나 영업 이익에 대한 관점을 이야기하는 것이 굉장히 중요하다고 생각하는데요. 기술자가 이렇게 구체적으로 돈 이야기를 하는 것이… 상당히 인상적이었어요. 좋은 의미로요.

이승현: 그러셨군요. 저는 원가 개선에 대한 목표가 정말 중요한 과제라고 생각하고 이 부분에 대해서 팀원들과도 자주 이야기하는 편이에요. 일단 인원이 많은 팀이다 보니 회사에서 저희 팀을 유지하는 데 드는 비용이 1년에 최소 10억 원 이상은 된다고 생각하거든요. 이 목표를 수행하기 위해 '기능' 관점에서 팀 전체의 인력을 재배치하고 업무를 재분배했던

　　　　　　　　　　　　　

것이고요. 이때 '회사 안의 회사'라는 개념이 나오게 된 것이었어요. KE팀을 마치 하나의 회사처럼 연구 및 개발, 인프라, 데이터 파이프라인, 서비스 개발 등 기술 개발에 필요한 '풀 스택(Full Stack)'을 진행할 수 있는 열세 명의 인원으로 구성했습니다.

명지연: 그렇군요. 무슨 말씀이신지 정확히 이해했습니다.

이승현: 네, 그러다 보니 KE팀에서 일하면서 가장 보람된 순간은 외람되게도 '팀장이 일을 안 해도 목표대로 팀이 잘 돌아갈 때'입니다.

명지연: 하하, 외람되다니요. 저는 너무 공감이 가는걸요.

이승현: 지연 님도 그러셨나요? 저는 팀 단위로 일을 할 때 제가 원하는 팀의 방향성과 목표를 잘 설정해두고, 이후 실행 과정에서 KE팀 내 테크 리드(Tech Lead/TL)를 중심으로 팀원 모두가 각자 해야 할 일을 찾을 수 있도록 하는 편인데요, 이때 모든 팀원이 각자 알아서 업무를 수행하는 것이 보일 때 정말 행복해요. 저뿐 아니라 팀 안에서도 계속 이런 구조를 확장하고자 테크 리드를 포함한 팀 동료들도 후학 양성 및 스스로에 대한 기술적·인간적인 발전에 힘쓰고 있고요.

명지연: 네, 저도 공감합니다.

이승현: 아, 그리고 한 마디 더 덧붙이자면… 과거의 저는 '내가 열심히 잘 해내면 뭐든 이룰 수 있다'고 생각하며 살았던 사람인데요. 타인과 불필요한 소통을 하기보다는 혼자서 문제를 해결하거나, 저보다 뛰어난 사람에게 좋은 가르침을 받는 것이 최고라고 생각했던 시절이 있었어요. 그런데 회사 생활을 하며 팀을 운영하고 나선 생각이 많이 바뀌었어요. 혼자서 할 수 있는 일의 종류와 크기는 한정되어 있고, 더 많은 일을 빠르게 하려면 협력해야 한다고 절실히 느꼈습니다. 동료가 하는 생각, 행동, 의도 등 다양한 요소가 결과물에 영향을 미치고, 이런 요소에 대한 이해가 없으면 제대로 된 일을 할 수 없더라고요. 회사가 점점 성장함에 따라 이해관계도 다양해지고, 다양한 스펙트럼의 사람들을 만나면서 본질적으로 사람을 이해하는 것이 필요하다고 생각해서…. 그러다 보니 재미있게도 타인을 이해하려고 나 자신에 대해서도 관심을 가지게 되더라고요. 그래서 요즘은 저희 팀뿐만 아니라 '사람' 자체에 대한 관심이 많아진 시기라고도 볼 수 있을 것 같아요.

핵심 창업 멤버 세 친구

현재는 KE팀의 팀장이지만, 동시에 이승현 수석은 에스투더블유의 창업 멤버이기도 하다. 그가 누구와 어떻게 창업을 하게 된 건지, 다음 인터뷰 질문으로 그에게 창업 과정을 물었다.

이승현: 저는 카이스트에서 석사와 박사 시절에 네트워크 보안을 위한 시스템 연구 개발을 주로 했고, 특히 데이터를 통한 교차 분석 시스템에 대한 연구에 집중했어요. 그러나 2017년쯤 카이스트 네트워크 보안 랩(lab) 지도교수이셨던 신승원 교수님이 갑자기 "다크웹이랑 암호화폐에 대한 논문을 써봐라"라고 말씀하셨어요. 그리고 쓴 논문을 보시더니 "너희 창업할 생각 없냐?"고 물으시더라고요. 논문과 관련한 내용이 괜찮은 창업 아이템이 될 것이라고 판단하셔서 이 사업을 실현하기에 적합한 학생들에게 제안해주셨던 게 아닌가 싶습니다.

명지연: 여기서 '너희'라고 지칭한 분들은 누구누구이신가요?

이승현: 현재 자비스 제품 PO인 윤창훈 상무와 퀘이사 제품 PO인

김연근 이사, 그리고 저까지 세 명을 이야기합니다.

명지연: 아, 네. 그 이후에는요?

이승현: 질문을 받은 저희 모두 같은 지도교수님 밑에서 공부한 석박사 원생들이었는데, 카이스트 건물 1층 오피스에서 셋이 밤에 만나 고민했던 기억이 있어요. 그리고 나서는 다음 날 교수님께 "하는 게 좋겠습니다"라고 말씀드린 거죠. 창업 당시 저희 중 대장은 윤창훈 상무가 하기로 했고요. 왜냐하면 창업할 때 초기 주주들 혹은 동업자들과 의견이 부딪히게 되면 심하게 다투고 갈라설 수도 있다는 이야기를 꽤 많이 들었거든요. 그래서 혹시 저희 셋의 의견이 크게 달라지는 경우가 생긴다면 그땐 최종 결정을 윤창훈 상무가 하고, 나머지 둘은 그 결정을 따르도록 팀을 유지할 수 있는 최소한의 그라운드 룰을 미리 정해둔 거죠. 그리고 그후에 현재 CEO이신 서상덕 대표님을 만났는데요, 저희 셋은 기본적으로 기술자였고 이 사업을 이끌어가주실 대표가 필요했어요. 이때 다시 한번 신승원 교수님께서 믿을 수 있는 분으로 소개해주신 분이 서 대표님이셨고 저희는 교수님을 믿는 만큼 대표님도 믿기로 했습니다. 이후 기술 외적인 부분

은 모두 대표님이 맡아 회사 설립 절차를 진행해주셨습니다. 창업 초기부터 지금까지, 저를 포함한 창업 멤버들 모두 '회사를 위해 각자 할 수 있는 최고의 선택을 하자'는 마음이 변하지 않았고요.

명지연: 와….

이승현: 사실 법인 설립 전까진 정말 창업을 할지 말지 다시 한번 고민이 들었는데, 그때 가장 중요했던 의견이 구 여자친구의 허락이었습니다. 현 와이프이기도 하고요. 그때 저는 박사 과정까지 하고 당장 창업하면 돈도 없을뿐더러 망할 수도 있다고 솔직하게 이야기했습니다. 그런데 그때 와이프가 "나는 공무원이니 둘이 굶어 죽진 않을 거야. 그러니 하고 싶으면 해봐"라고 하더라고요. 그래서 최종적으로 창업을 하기로 결정을 내리고 시작하게 됐습니다.

명지연: 아내분이 참 멋지시네요.

이승현: 맞아요. 그래서 전 인생에서 존경하는 사람을 꼽자면 인덱스 펀드(Index Fund) 창시자인 존 보글(John Bogle), 전 세계 투자자들에게 깊은 영향력을 미친 워런 버핏(Warren Buffett), 그리고 동료분들을 포함해 각자의 자리에서 선한

영향력을 주는 제 주변의 다양한 분들 등 많은 분을 손에 꼽을 수 있지만, 그중에서 "딱 한 명만 인생의 롤모델을 고르세요"라고 하면 조금 팔불출 같지만 제 와이프를 이야기해요. 진심으로요! 제가 와이프를 만난 지 이제 어언 10년이 지났는데, 와이프는 여전히 한결같이 작은 것에 행복을 느끼는 사람입니다. 와이프의 영향을 받아 저도 '목표를 달성해야만 행복하다'고 생각했던 사람에서 '매 순간 행복을 느낄 수 있는 사람'으로 오랜 기간 꾸준히 바뀌었어요. 사실 인생을 살아간다는 것에 대한 의미와 이유는 아직 구체적으로 다 모르지만… 일단 매일을 즐겁게 살아야 한다는 걸 다년간의 학습 과정을 통해 알게 된 거죠.

명지연: 그래서 3분 스피치에서 그런 이야기가 나온 거군요!

앞서 설명했듯이 '3분 스피치'는 이기욱 상무가 만든 에스투더블유만의 조직문화 프로그램으로, 매달 열리는 타운홀 미팅에서 각자가 자신의 인생에 대해 3분간 스토리텔링하는 세션이다. 이때 이승현 수석은 '행복은 강도보다 빈도'라는 주제로 자신을 소개하는 세션을 열었다. 그에게 평소 행복하다고 느끼는 것이 무엇인지 물었더니 돌아온 답변이다.

이승현: 맛있는 것을 먹을 때, 일 끝나고 집에 가서 웹툰을 볼 때, 개발하다가 무언가 잘됐을 때, 회사 매출이 올라갈 때, 여행 가서 재미있는 것을 볼 때, 운동할 수 있을 때, 친구들 만날 때 등 행복한 순간은 많습니다.

그의 행복감엔 거의 모든 일상의 면모가 담겨 있는 듯하다. 그는 이렇게 덧붙였다.

이승현: 언젠가 큰 성취를 위해 다년간 노력해서 어려운 목표를 달성했던 적이 있어요. 그런데 막상 그 목표를 달성하고 나니, 그동안 들인 시간과 노력 대비 행복감이 절대적으로 크거나 오래가지 않더라고요. 그때 생각했죠. '앞으로도 이렇게 산다면 남은 인생에서 행복하고 즐겁게 지낼 수 있는 순간이 정말로 적겠구나' 하고요. 그래서 짧게는 하루하루씩 매일을 즐겁고 행복하게 살기 위해 스스로를 돌아보곤 합니다. 혹시 이건 오해하실까 봐 덧붙이자면… 그렇다고 항상

행복하다는 건 결코 아닙니다. 스트레스를 받아 괴로워하는 시간도 상당히 많고요. 짜증도 많이 내고요. 다만 과거엔 항상 큰 성취가 중요했는데, 요즘엔 작은 것에 행복을 느끼며 사는 중이라는 거. 행복감이라는 게 결국 크기보단 횟수가 더 중요한 것 같다는 이야기를 하고 싶었습니다. 사실 크기도 엄청 차이가 나는 것 같지도 않고요.

웹툰에서 미래를 봤어요

마지막으로 이승현 수석에게 한 가지 질문을 더 했다. 그가 즐겨보는 〈꿈의 기업〉이라는 네이버 웹툰에 대한 이야기였다.

명지연: 마지막으로 가볍게 여쭤보고 싶은 것이 하나 더 있어요. 승현 수석님 개인 소셜 미디어 계정에서 〈꿈의 기업〉이라는 네이버 웹툰을 리뷰한 내용을 본 적 있는데요. 그래서 이 웹툰을 왜 좋아하시는지, 어떤 내용인지 등이 궁금하더라고요.

이승현: 아… 〈꿈의 기업〉은 사람을 위해 만든 범용 인공지능이 결국 새로운 종이 되어 인류를 멸망시키는 스토리를 가진 웹툰인데요. 음… 멸망시켰다고 봐야 할지 스스로 파멸한 것인지 해석에 따라 다를 것 같습니다만…. 어쨌든 이 웹툰을 좋아하는 이유는 크게 두 가지인데, 첫 번째는 살면서 풀리지 않았던, 누구도 알지 못하는 어려운 문제를 다룬 점이에요. 웹툰에 거의 400화가 넘는 다양한 에피소드가 있는데요, 그중 하나의 에피소드를 꼽아 설명하자면 '복제인간'에 대한 문제를 이야기할 수 있을 것 같아요. 웹툰의 주인공 중 하나가 복제인간인데, AI가 복제인간에게 "너는 사람의 DNA로부터 파생된 존재이니 그의 자식이다"라고 이야기하는 장면이 있어요. 그는 자신이 복제인간인지 모르고 살고 있었던 거죠. 예전에 리터드 도킨스(Richard Dawkins)의 《이기적 유전자(The Selfish Gene)》라는 책을 읽은 적이 있는데, 그 책에서도 결국 '인간'이란 건 부모로부터 DNA를 받아 조합된 형태를 의미하며, 그 유전자 조합을 후손에게 물려주는 중간 매개체 역할을 하는 존재라고 정의하더라고요. 그렇다면 거대 AI가 고도로 발달해 인간을 복제하는

것이 사실상 인간의 출산 과정과 뭐가 다를까 고민해보면 반박할 만한 것이 없더라고요. 이런 내용들이 〈꿈의 기업〉 에피소드 중에 상당히 많습니다.

명지연: 흥미로운 관점이네요.

이승현: 복제인간 에피소드 외에도, 동영상을 복사하면 복사본은 원본과 동일한 가치를 가지며 구분할 수 없는데, 그렇다면 사람도 비슷한 것 아니냐는 질문 등, 고민할수록 무섭지만 평생 정답을 알 수 없는 아주 많은 질문을 던지는 웹툰입니다.

명지연: 이 시대에 한번쯤 고민해볼 필요가 있는 질문이네요.

이승현: 그렇죠. 두 번째로 이 웹툰을 좋아하는 이유는, 거대 범용 인공지능이 실제로 등장한다면 우리의 삶이 어떻게 바뀔지에 대한 어느 정도의 정답을 제공해준다는 점인데요. 그런 면에서 팀원들에게도 우리 회사가 AI 관련 사업을 하고 있으니 이런 큰 그림에 대해선 모두가 알아야 한다고 한 열 번 정도 보라고 강요했습니다.

명지연: 강요…? 하하.

이승현: 챗GPT(ChatGPT) 같은 'LLM(Large Language Model/거대언어

모델)'이 세상을 빠르게 바꾸고 있는 요즘인데, 웹툰 초반부의 모습이 현재와 상당히 닮아 있거든요. 신기할 정도로요. 더 이상 사람이 아닌 AI가 이용자들의 취향과 환경을 분석해 우리가 즐기는 콘텐츠를 빠르게 제작하고, 사람이 만든 콘텐츠는 점점 사양되고, AI가 창작물을 집어삼키는 내용 등 앞으로 곧 겪게 될 만한 일들이 웹툰에 담겨 있습니다. 저는 현실 세계에서 LLM이 본격적으로 등장하기 전에 이 웹툰을 봤을 땐 공상과학이라고 생각했는데요, 지금은 생각이 완선히 바뀌었어요. 웹툰이 나온 지 거의 7~8년 징도 됐는데, 현업에서 바라보면 웹툰의 시나리오가 곧 현실이 되지 않을까 하는 생각이 아주 강하게 들 때가 있거든요.

인공지능 기술과 다가올 미래 사회의 명암을 예측하는 이승현 수석의 눈이 날카롭게 빛났다. 카이스트 네트워크 보안 랩에서 다크웹 분석으로 출발한 회사가 현재 현대제철, 롯데멤버스 같은 국내 유수 대기업으로부터 생성형 AI 플랫폼 구축을 의뢰받은 건 이례적인 일이다. AI 사업으로 회사를 시작한 경우 AI 플랫폼 구축 프로젝트를 의뢰받는 것이 자연스럽지만, 에스투더블유는 보안 플랫폼 구축으로 사업을 시작한 회사이기 때문이다.

그럼에도 불구하고 에스투더블유에서 이런 흐름이 가능했던 건 KE팀의 기술 노하우가 다년간 축적된 시점에 챗GPT와 같은 범용 LLM이 세상에 등장했고, 기업 데이터의 외부 유출에 대한 우려가 확산함에 따라 '보안성이 강한 기업용 LLM'에 대한 수요가 높아졌기 때문일 것이다. LLM이 대중화되면서 데이터 유출에 대한 걱정이 없는 AI 플랫폼을 구축해달라는 고객의 니즈처럼, 앞으로 인공지능 기술이 발전할수록 마치 〈꿈의 기업〉과 같은 어두운 그늘도 깊어지게 될 것이다.

최근 "AI의 악용을 막을 수 있는 것은 AI뿐"이라는 말이 뉴스 기사 헤드라인으로 자주 나올 만큼, 흑과 백이 늘 함께 오는 미래 기술 사회에서 이승현 수석의 말들을 통해 에스투더블유의 역할을 더욱 기대해보게 됐다.

'더 나은
데이터의 미래'를 위해

시류에 맞는 국제 논문으로 무에서 유를 만든 경험

에스투더블유의 사명에는 알파벳 S가 두 개, W가 한 개 들어가 있다. 그래서 '에스 투 더블유(S2W)'다. 두 개의 S는 '세이프(Safe)'와 '시큐어(Secure)'의 첫 알파벳이고, W는 '월드(World)'의 첫 알파벳이다. 그러니까 S2W는 "Safe and Secure World", 즉 "안전한 세상을 만든다"는 뜻이 담겨 있다.

에스투더블유는 창업 초기부터 세계 각국의 경찰 기관과 협력해

국제 범죄를 추적하고 수사하는 국제형사경찰기구 '인터폴'을 고객사로 확보해 주목을 받았다. 인터폴에 에스투더블유의 제품을 공급하게 된 첫 계약 과정이 궁금하지 않을 수 없는데, 이를 알아보기 전에 에스투더블유가 창업 초기부터 가지고 있던 고유한 기술 '다크웹 분석'에 대한 이해가 필요하다. 다크웹은 일반 웹과 달리 특수한 브라우저를 통해서만 접속할 수 있는 '숨겨진 웹'을 의미하며, 그렇기에 다크웹을 분석한다는 것은 이 숨겨진 웹을 찾아내 분석하는 기술을 가지고 있다는 의미다.

좀 더 구체적으로 설명하자면 다크웹은 사이버 범죄의 온상으로 꼽히는 은닉 웹사이트인데, 구글 등 일반 포털 서비스를 통해서는 접근할 수 없고 오직 특수 브라우저 주소를 알아야만 접근이 가능하다. 다크웹 콘텐츠 유저 혹은 범죄자들은 그 브라우저 주소를 암호화된 메신저나 텔레그램 채팅방 등에서 공유하곤 하는데, 그러다 보니 다크웹과 텔레그램은 범죄의 온상으로 함께 지목되곤 한다.

사실 텔레그램 자체는 암호화된 채팅방의 추적이 어렵기 때문에 범죄 거래 용도로도 활발해진 것일 뿐, 여타 메신저보다 보안에 유리해서 일반 유저들도 개인정보 보호 차원에서 사용하는 경우가 많다. 그러니 텔레그램이나 다크웹 자체가 처음부터 범죄에 악용할 목적으로

   다르게 발명하는 일

개발된 것은 아니며, 따라서 기술 자체에는 죄가 없다. 그 기술을 악용한 사람들이 문제일 뿐.

에스투더블유는 암호화되어 뚫기 어렵다는 인식을 가진 인터넷 공간의 콘텐츠들을 추적하고 해석할 수 있는 AI 기술을 개발한 회사다. 이를 통해 다크웹에 떠도는 기업 및 기관의 주요 정보들이 실제 위협으로 이어지는지 분석해 그렇다고 판단한 경우에는 고객사의 자산 유출을 최소화할 수 있도록 조치하고 있다.

인터폴은 암호화된 인터넷 공간에 숨겨져 있는 범죄의 위험성을 파악하고 에스투더블유에 선제 연락을 취한 고객사였다. 창업 초기 에스투더블유는 카이스트를 통해서 인터폴이 제품과 회사에 대해 문의하는 연락을 전해 받았다고 한다. 당시 카이스트와 공저로 '국제보안학회'에 낸 논문이 있었는데, 그 주제가 다크웹에서 비트코인 등의 가상자산이 어떻게 얼마나 사용되고 있는지를 연구한 내용이어서 인터폴이 이에 관심이 있었다고.

다크웹에서는 범죄자들이 거래할 때 일반 화폐나 신용카드가 아닌 추적이 어려운 비트코인 등의 가상자산을 사용하는데, 에스투더블유는 그에 대한 연구를 카이스트와 함께 발표한 논문을 보유하고 있었던 것이다. 당시 인터폴은 범죄 자금이 가상자산을 통해 대규모로

세탁 및 유통된다는 것에 대한 국제적인 흐름을 파악하는 중이었고, 에스투더블유의 연구 결과가 그런 목적에 정확히 부합하는 일종의 선행 연구 내용이었다고 한다.

당시 창업한 지 몇 달밖에 안 된 시점이라 에스투더블유의 존재가 세상에 알려지지도 않았을뿐더러, 제품의 고객도 없던 시절이라서 그 연락이 무척 놀랍고 설레는 꿈같은 일이었다고 서상덕 대표와 창업 초기 멤버들은 회고했다. 이후 인터폴 초청으로 싱가포르에서 열린 행사에서 회사와 제품을 소개할 기회를 얻게 됐는데, 행사장에 가보니 에스투더블유가 유일한 한국 기업이자 가장 작은 스타트업이었단다.

인터폴 행사를 계기로 에스투더블유는 다크웹에서 일어나는 국제적인 범죄 분석에 참여하고, 인터폴 내 가상자산 대응에 대한 협의체에도 소속될 수 있었다. 얼마 전에도 '2025 인터폴 사이버 범죄 전문가 그룹 연례 콘퍼런스'에 특별 연사로 초청되어 사이버 범죄 수사를 첨단화하는 에스투더블유의 AI 기술력을 소개한 바 있다.

그 어떤 수요도 없을 때부터 암호화된 인터넷 공간을 분석하는 기술이 필요할 것이라는 신념으로 기술을 연구하고 논문을 냈던 실적이 쌓여 만들어진 쾌거였다. 이후 실제로 에스투더블유가 분석한 내용을 바탕으로 악명 높은 국제 랜섬웨어(ransomware) 조직이 검거되는 성과가 몇 차례 있었는데 FBI와 인터폴의 2021년 국제 공조 작전이 대표적이다. 해당 작전으로 클롭(Clop), 레빌(REvil), 갠드크랩(GandCrab) 등 거대 국제 랜섬웨어 조직 주요 조직원들을 검거할 수 있었으니 말이다. 이런 성과가 나오자 인터폴에서 에스투더블유의 제품을 유상으로 도입하고 싶다는 의사를 보였다.

사실 국제기구들은 기업 기부를 많이 받기 때문에 인터폴도 전세계 보안 솔루션을 거의 무상으로 제공받아서 사용할 수 있다. 그럼에도 에스투더블유 제품은 유상 계약으로 도입하고 싶다고 먼저 제안해 준 것이었기에 그 가치가 정말 크다고 할 수 있다. 창업 초기 멤버들은 그때를 회상하며 "정말로 감개무량했다"고 이야기했다. 나아가 그 사건을 계기로 서상덕 대표는 '우리가 정말 국제 무대에서 무엇인가를 할 수 있는 기술이 있구나' 하는 안도감이랄까 희망이 생겼다고 했다.

이후 인터폴은 에스투더블유라는 회사명을 공식 수사 보고서에 기재했으며, 검거 작전 참여자들도 에스투더블유의 기여를 인정했다. 에스투더블유 또한 인터폴을 회사의 고객사로 이야기할 수 있어서 감사했고, 이 성공 모멘텀이 앞으로의 사업에서도 큰 도움이 될 것이라고 기대했다.

시류에 잘 맞는 국제 논문 한 편이 작은 스타트업에게는 세계로 가는 문을 여는 열쇠가 되기도 한다는 사실을 제대로 경험한 일이었다. 이후 에스투더블유는 자기계발을 장려하는 회사의 조직문화 안에서 구성원들이 보다 해외 학회에 연구 성과를 제출하거나 기술 연구 논문을 작성하는 데 힘을 쏟는 것을 더욱 장려하고 있다.

좌충우돌 상황에서도 힘을 합쳐 생존한다

살아남는 스타트업에 성공 경험만 있을까? 그렇지 않다. 에스투더블유에도 크고 작은 좌충우돌 에피소드들이 많이 있다. 지난 7년간 판교 내에서 사무실을 세 번 정도 옮겼는데, 회사 규모는 빠르게 커지는 데 반해 자원은 부족하다 보니, 이 과정에서 남몰래 고생스럽고 아찔한 에피소드가 있다.

에스투더블유는 빅데이터를 다루는 회사라 GPU 관리 등이 굉장히 중요한데, 사업 초기에는 사무실이 매우 작아서 GPU를 제대로 관리할 환경이 못 되다 보니 웃지 못할 일도 자주 벌어졌다.

　　　　　　　　　　　　　　　　　

'IDC(Internet Data Center/인터넷데이터센터)'라고, 인터넷으로 서비스하는 회사들을 위해 서버나 네트워크 장비 등의 인프라 관리를 전문적으로 해주는 시설이 있다. 말하자면 일종의 '서버를 위한 호텔'인데, 365일 24시간 안정적인 전원 공급과 온도 유지 등을 걱정 없게 해주는 시설이다.

그런데 사업 초기 서버를 구입하는 데 비용을 다 쓰다 보니 자금이 부족해서 IDC를 이용할 수가 없었다고. 그래서 구입한 서버들을 자체적으로 관리하기 시작했다. 그 결과 아찔하고 고생스러운 일이 생기곤 했다.

처음에는 원룸형 사무실에서 청소용구함 자리에 서버를 두었는데, 열과 소음이 엄청났다. 창업 멤버들의 이야기를 들어보니 "더위 많이 타고 엄청나게 시끄러운 거대한 팀원 한 명이 옆에서 같이 일하는 느낌"이었다고 회상했다. 특히 한여름에 건물이 중앙냉방을 중단하는 저녁 시간과 주말에는 중환자를 간호하듯이 교대로 출근해서 종일 선풍기를 틀어주며 서버를 돌봐야 했단다.

서버가 더 늘어나면서 원룸형 사무실에서는 더 이상 열과 소음을 버틸 수 없어 인근 원룸 하나를 더 빌렸다. '서버들만 자취하는 원룸'인 셈이라 여름에는 마음껏 에어컨을 틀어서 관리하니 임직원 입장에서는 좀 살 것 같았지만, 이를 본 고객사는 당황스러워하기도 했다. 일례로 한 정부 기관 관계자가 에스투더블유의 서버를 좀 보자고 한 일이 있었는데, 그 원룸으로 안내를 하자 텅 빈 방 한가운데 서버만 덩그러니 있는 좀 기괴한 모습을 보시고는, 자랑스러워하는 임직원들과는 달리 상당히 복잡 미묘한 표정을 지었다고. 지금은 웃으면서 이야기할 수 있는 기억들이다.

여기까지는 웃으면서 이야기할 수 있지만 정말 큰 문제가 생긴 건 그 이후였다. 회사 임직원 규모가 더 커지면서 보다 큰 사무실로 회사를 이전하게 됐고, 그때부터 서버실을 별도로 만들었다. 서상덕 대표는 이때 정말 큰 사고가 날 뻔했던 기억이 있다고 했다. 어느 일요일 아침 회사에 나오니 에어컨 배수 장치가 밤새 고장 나서 서버실이 발목까지 물이 찰랑찰랑 차 있고 콘센트가 물에 둥둥 떠다니고 있었단다. 당시 함께 물을 퍼내던 주말 출근자가 액트 4의 인터뷰이 이승현 수석이었는데, "식겁할 상황에 아무렇지 않은 듯 침착한 대표의 대처를 보고 감명을 받았다"고 회상했다.

그 당시를 회고하면서 서상덕 대표는 "정말 정신이 아득해지면서 회사가 즉시 망할 수도 있겠다"고 생각했다고. 정신을 붙잡으려고 '아직 안 망했어. 이 물만 잘 빼내면 된다. 침착해! 밤새 차서 이 정도니 아직 시간은 많아!' 하며 속으로 끝없이 되뇌었단다. 물바다가 된 서버실 한가운데서 자기 발걸음이 만든 물결의 동심원을 보며, 비현실적인 풍경에 넋이 나갈 것 같았던 기억이 여전히 생생하다고….

사실 화재를 걱정해서 불연성 가스가 나오는 특수 소화 시설까지 시공한 서버실이었는데, 예상치 못한 물난리로 서버가 다 날아갈 뻔했던 아찔한 일이었다. 이후 에스투더블유 서버들은 모두 IDC로 즉시 이전했다.

세상이 알아주기 전부터 집중한 핵심 기술

'다크웹 분석 기업'에서 시작한 에스투더블유는 현재 '빅데이터 분석 AI 기업'으로 알려져 있다. 다크웹뿐 아니라 딥웹과 텔레그램 등 약 4억 개의 암호화된 다양한 도메인 및 채널에 대한 분석력을 가지고 있다는 점에서, 에스투더블유는 국가 안보와 기업 보안에 직결되는 '빅데이터 분석력'을 확보한 기업이라고 볼 수 있다.

여기에 더해 'AI 기업'이라는 정체성을 갖는 이유는, 이 방대한 빅데이터를 수집해 그 속에서 난해한 데이터의 의미를 추론하고, 더 나아가 그중 중요한 정보 간의 관계성을 연결해 가치 있는 인사이트를 도출하는 기술력이 AI로 이뤄지기 때문이다. 조금 어려운 용어로 이를 '멀티도메인 교차분석 기술'이라고 한다. 한 개 이상의 '멀티 도메인(Multi-Domain)' 속에서 발견한 데이터 간의 관계를 교차분석해 파악한다는 의미다.

일반적인 서피스웹(Surface Web)과 달리 암호화된 도메인에서 발견되는 다크웹 데이터는 의미 추론이 상당히 어렵다. 예를 들어 다크웹 안에서 '테슬라(Tesla)'라는 단어는 일반적으로 통용되는 전기차 브랜드를 의미하는 게 아니다. 마약 거래 유저들이 사용하는 마약의 일종을 지칭하는 용어다. 다크웹 페이지에 테슬라를 사고판다는 형식의 콘텐츠가 올라오면, 그것은 자동차 거래가 아닌 마약 거래를 원한다는 이야기다.

은어뿐 아니라 데이터의 형태 역시 일정한 구조나 형식이 없는 '비정형 데이터'로 이뤄지기에 데이터를 다루는 고난도 기술이 필요하다. 또한 암호화된 도메인이나 채널이라는 뜻은 접속이 어렵고 외부 노출이 잘되지 않는 공간이라는 뜻으로 해석할 수도 있지만, 데이터 흔적이 남지 않는다는 의미도 된다. 다크웹 페이지에 올라온 콘텐츠는 금방 사라지기도 하는데, 그러다 보니 추적이 어렵다. 그래서 시간

대별로 콘텐츠를 복원하는 기술이 필요한 것이다.

에스투더블유는 '멀티도메인 교차분석 기술'을 통해 대규모 비정형 데이터를 AI로 실시간 수집하고 그 의미를 추론해 고객에게 인사이트를 제공한다. 처음에는 그 시작이 인터폴과 같은 범죄 수사 기구, 국가 안보를 위한 중앙정부 기관이었다면, 현재는 제조, 금융, 유통 등 다양한 산업 부문으로도 빠르게 확장되고 있다. 숨겨진 도메인과 콘텐츠의 비정형 데이터를 다루는 일은 일반적으로 대중과 기업이 보는 도메인 데이터를 처리하는 일보다 난도가 월등히 높다. 다크 웹 분석 분야에서 기술력을 먼저 축적했다 보니 일반 기업 데이터를 분석하는 일은 훨씬 용이했고, 이를 알아본 국내 대기업으로부터 러브콜을 받아 프로젝트를 수주할 수 있었다.

일반 산업 부분에서도 제조는 제조대로, 금융은 금융대로, 각 산업 부문에서 사용하는 특정 언어에 대한 의미를 에스투더블유의 AI 언어모델에 학습시키면 AI가 그 의미를 추론해 고객사가 원하는 인사이트를 도출할 수 있다. 에스투더블유의 도메인 특화 AI 기술은 에스투더블유 핵심 솔루션 전반에 내장되어 있다. 또한 고객사가 발견하길 원하는 인사이트에 맞춰 솔루션과 연결된 서비스를 제공한다. 예를 들어 공공 및 정부 기관용 안보 빅데이터 플랫폼인 '자비스'에는 다크웹 AI 언어모델인 '다크버트(DarkBERT)'가 내장되어 있어서, 범죄 조직 간 연관성을 추론해 수사기관이 신속하고 정확한 수사를 진행할 수 있도록 지원한다. 또한 기업용 보안 대응을 위한 '퀘이사'에는 기업 내 보안 팀에서 외부 위협에 대한 인사이트를 발굴하고 손쉽게 보안 문서를 작성할 수 있도록 사이버보안 언어모델 '사이버튠(CyBERTuned)'이 적용되어 있다. 이를 통해 공격자의 최신 공격 기법을 확인하고 그 공격 의도를 파악해 효과적인 예방 및 대응 전략을 제공한다. 마지막으로 앞서 언급한 'SAIP'는 안보 혹은 보안 문제와는 무관한 산업용 AI 플랫폼이다. 제조, 금융, 유통 등 일반 기업 데이터를 다룬다. 각 클라이언트 기업이 요구한 도메인에 최적화된 플랫폼을 구축해 기업 내 의사결정을 위한 주요 인사이트를 찾아낼 수 있도록 돕는 역할이다.

이제 에스투더블유가 '스타트업 생존기'를 거쳐 보다 고유한 AI 및 보안 기술로 주요 솔루션을 만들어낼 수 있었던 이야기를 '스타트업 번영기'를 이끈 인터뷰이들을 통해 만나보기로 하자.

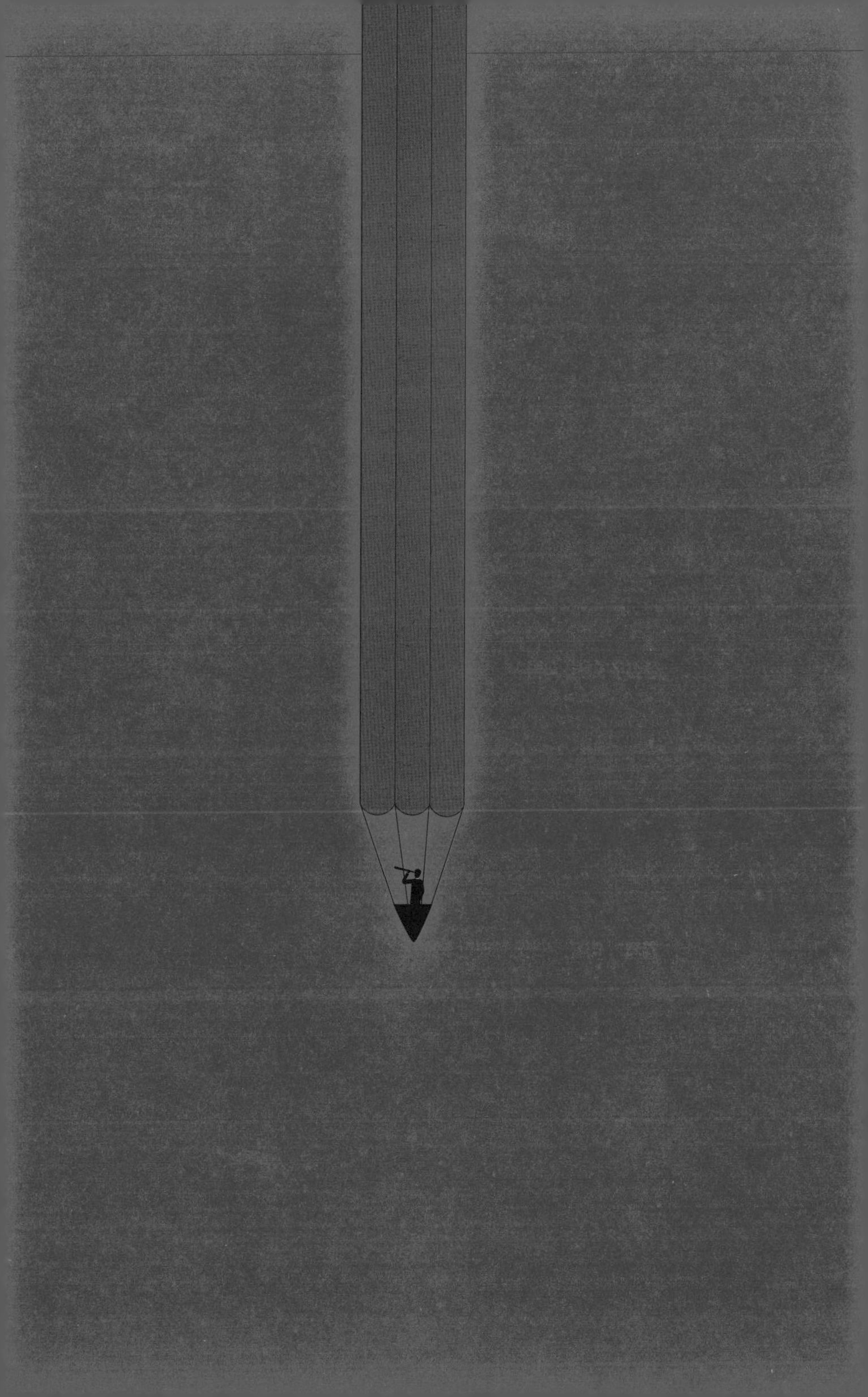

탐구

"'문제'와 '해결'이라는 관점에서 보았을 때 AI팀은 '데이터'의 문제를 '인공지능'으로 해결하는 팀이에요. 그러니까 인공지능 기술 자체를 맹목적으로 연구하거나 개발한다기보다 '데이터에 대한 문제를 해결하기 위해 인공지능 기술을 잘 쓰는 팀'으로 정의할 수 있죠."

_정진우 이사, AI팀

충실

"'인텔리전스'라는 게 결국 '선별된 정보'를 의미하는데요. 보안 사고가 났을 때 사고를 수습하는 차원에서만 행동하는 것이 아니라, 우리가 가지고 있는 인텔리전스를 활용해 선제적인 행동을 할 수 있는 방안을 모색하는 조직이라는 거죠."

_김재기 이사, 위협인텔리전스센터

문제 해결에 집중하는 기술로, 세계 무대에

문제의 본질을 탐구하는 것이 AI 기술의 핵심

에스투더블유의 연예인을 만나다

2023년 5월, 에스투더블유 공식 채널에 기쁜 소식이 올라왔다.

"세계 최초 다크웹 언어모델 '다크버트', 탑티어 자연어처리언어학회 ACL 2023 논문 채택!"

에스투더블유가 카이스트와의 공동 연구를 통해 개발한 다크웹 특화 AI 언어모델인 '다크버트' 연구 논문을 세계적인 컴퓨터 과학 및 인공지능 학술대회 'ACL(Association for Computational Linguistics/전산언어학회)'이 채택한 것이었다.

ACL은 'NAACL(North American Chapter of the Association for Computational Linguistics/북미전산언어학회)' 및 'EMNLP(Empirical Methods in Natural Language Processing/자연어처리방법론학회)'와 더불어 세계 3대 '자연어처리(NLP)' 학회로 손꼽히는 곳이다. '자연어처리'란 컴퓨터가 인간의 언어를 해석하고 이해할 수 있도록 하는 인공지능 분야 학습 기술이다. ACL은 AI 분야에서 국제적으로 매우 권위 있는 학술대회 중 하나다. 자연어처리 연구자들이 가장 선호하는 최상위 학회인 만큼 구글(Google), 메타(META), 오픈AI(OpenAI), 마이크로소프트(Microsoft) 같은 빅테크 기업들도 이 학회에서 AI 언어모델과 관련된 연구 결과를 자주 발표한다.

에스투더블유는 창업 초기부터 이미 제품에 뛰어난 AI 기술력을 적용했지만, 본격적으로는 다크버트 관련 논문인 〈다크버트: 인터넷의 어두운 단면을 위한 언어모델(DarkBERT: A Language Model for the Dark Side of the Internet)〉이 ACL을 통해 전세계적으로 입소문을 타면서부터 명실상부한 AI 기술 회사로 자리매김하게 됐다.

직접 글로벌 전시회장에서 발로 뛰며 제품에 내재된 AI 기술력을 설명하지 않았는데도 미국, 프랑스, 독일, 체코 등 각국에서 회사 공식 메일을 통해 다크버트 사용에 관한 문의가 쏟아졌다. 또 2023년 9월 기준 X(구 트위터)에서는 180만 건 이상의 다크버트 관련 콘텐츠가 조회됐고, 유튜브에서는 다크버트를 자체적으로 소개한 해외 유튜버들의 영상 콘텐츠가 100건 이상 업로드됐다.

에스투더블유 공식 유튜브 채널에 업로드된 다크버트 언어모델을 적용한 챗GPT 기반 챗봇 "다크챗(DarkCHAT)" 영상은 200만 조회수가 넘었고, "다크버트, 다크웹 AI를 만든 사람들(The creators of the darkweb AI, DarkBERT)" 영상도 80만 조회수를 넘어가고 있다.

당시 국내외를 막론하고 미디어의 취재 열기도 뜨거웠었다. 미국의 유명 테크 미디어 탐스하드웨어(Tom's Hardware)와 탐스가이드(Tom's Guide)는 다크버트에 대해 자세히 취재한 기사를 실었다. 국내에서는 SBS 8시 뉴스를 비롯한 다수 매체로부터 취재 요청이 쇄도해 이에 응하느라 한창 분주했던 기억이 난다.

이런 분위기 속에 자연스럽게 정진우 이사와의 인터뷰는 다른 임원진보다 조금 더 일찍 추진됐던 것 같다. 당시 홍보팀장을 맡고 있다 보니 AI 기술 관련 취재에 응하기 위해 정진우 이사와 함께 기자들을 만나야 했다.

가까이에서 본 그는 논문을 통해 짐작한 것보다 더 매력적인 사람이었다. 기술에 대한 진실된 고민과 이를 연구와 사업으로 이어가려는 노력, 그리고 늘 한결같은 겸손함이 드러나는 언행과 태도에서 배울 점이 많았다. 기술 연구라는 게 한두 사람만의 힘으로만 이뤄질 수 없는 규모와 깊이가 있는 일이겠지만, 에스투더블유가 다크버트라는 고유한 다크웹 언어모델을 세계 최초로 만들어낸 배경에는 주중과 주말을 가리지 않고 밤낮으로 일했던 그가 있었다. 정식으로 정진우 이사를 인터뷰하면서 다크버트에 대한 이야기부터 찬찬히 들었다.

명지연: 이사님, 요즘도 정말 바빠 보이시네요. AI팀도, 생성형 AI 플랫폼 구축 프로젝트도 점점 규모가 커져서요. 팀 외부에서 보기에도 정말 바빠 보이십니다.

정진우: 아 그런가요? 일이 많긴 하네요, 하하.

명지연: 이사님과는 다크버트에 대한 이야기를 빼놓을 수 없는데요, 세계 최초 다크웹 전용 AI 언어모델 다크버트, 수식어부터 상당히 남다른데 다크버트라는 게 정확히 무엇인가요?

정진우: 다크버트라는 건 쉽게 말해 4억 개 이상의 암호화된 다크웹 페이지와 텔레그램 채팅 메시지 정보를 학습한 다크웹

전용 AI 언어모델입니다. '버트(BERT)'라는 게 구글이 공개한 AI 언어모델 이름이었는데, 자연어처리 학계에선 이미 유명한 단어였거든요. 그래서 '버트'에 다크웹 빅데이터를 다룬다는 의미의 '다크(Dark)'를 붙여 '다크버트'가 된 거죠. 이 다크버트는 '제품' 자체는 아니고 '언어모델'이기에 다크웹 빅데이터를 다루는 에스투더블유의 다크웹 모니터링 솔루션에 내장되어 있고요.

명지연: 여기서 '다크웹'이 뭔지 모르는 분들도 계실 것 같은데, 설명을 좀 부탁드려도 될까요?

정진우: 보통 대중이 알고 있는 구글이나 네이버와 같은 검색 웹을 서피스웹이라고 하는데요, 이것들은 누구에게나 정보 검색이 가능하도록 열려 있잖아요. 그런데 다크웹은 그렇지가 않아요. '어니언(onion)'이라는 '토어(tor)' 네트워크를 통해서만 접속 가능한 암호화된 웹이에요. 쉽게 말해 '숨겨져 있는 웹'이다 보니 서피스웹상에서는 찾을 수 없는 각종 비밀스러운 정보들이 올라오는 거죠. 주로 해커들이 올린 데이터 유출 포스팅, 기업과 개인의 중요한 정보들, 이를테면 기업 자산의 고유한 정보나 여권번호, 주민등록번호 같은 신

상들이요.

명지연: 암호화되어 있다는 것이 다크웹 내 범죄를 계속 성행하게

하는 큰 이유라는 뜻이죠?

정진우: 그렇죠. 그만큼 찾기 어려운 복잡한 통신망, 데이터로 되어

있다는 뜻이니까. 다크웹 데이터의 형태는 일반 웹 내 데이

터처럼 잘 정제되어 있지 않고 '비정형'일 수밖에 없잖아요.

그렇기 때문에 다크버트는 이런 다크웹상의 난해하고 복잡

한 비정형 데이터를 사람이 원하는 언어의 형식으로 잘 학

습해서 유저늘이 이해할 수 있는 형태로 정보를 제공하는

언어모델이라고 할 수 있겠습니다.

명지연: 실제 SBS 취재 때도 그런 이야기를 하셨던 것 같은데.

정진우: 맞아요. 다크버트가 적용된 에스투더블유의 다크웹 모니터

링 솔루션에서는 기본적으로 서피스웹뿐만 아니라 다크웹

에 해커가 올린 정보 판매 글까지 수집해 보여주고 있는 점

을 흥미롭게 보셨던 것 같아요. 다크버트를 통해 챗GPT 등

다른 AI 언어모델을 기반으로 한 생성형 AI가 답변하지 못

한 영역까지 구체적으로 알 수 있다는 점에서 의의를 크게

봐주셨습니다.

명지연: 그럼 이 다크버트 연구는 언제 어떻게 연구하게 되신 건지 구체적으로 알려주실 수 있나요?

정진우: 아, 네. 우선 시기적으로 다크버트 연구는 2022년도부터 시작해서 연말에 연구 논문을 제출했고, 해당 논문이 다음 해인 2023년 5월에 승인됐습니다. 논문 게재 승인 후 7월에 직접 ACL에 가서 발표를 했고요. 이 연구를 시작하게 된 배경은 대규모 데이터로 도메인 특화 언어모델을 학습하는 연구가 2020년도부터 꾸준히 나오기 시작했는데, 우리는 다크웹 수집과 정제에 강점이 있다 보니, '우리도 안 할 이유가 없겠는데'라고 생각해서 시작하게 됐고요.

명지연: 재미있네요. 다크버트, 이렇게 '될 놈'이라고 예상하셨나요? 다크버트가 전세계적으로 화제가 되기 시작했을 때⋯ 당시에 기분은 어떠셨나요?

정진우: 사실 이렇게까지 '될 놈'인지는 몰랐습니다. 2022년 12월에 챗GPT가 세상에 등장했고, 이후 2023년 초부터 대중이 챗GPT를 직접 사용해보는 시대가 됐는데요, 이후 다크버트가 2023년 중순에 등장했으니 의도치 않게 챗GPT를 경험한 대중에게 다크버트가 빠르게 바이럴된 거죠. 덕분에 언

론 인터뷰도 많이 하고, SBS 같은 지상파 메인 뉴스에도 출연하는 재미있는 경험을 했습니다. 하지만 동시에 그 흐름이 그렇게 오래갈 거라고 생각하진 않았고요. 본질적인 것은 유명세에 따라 바뀌진 않으니까 그냥… 저는 계속 제 할 일을 했습니다.

명지연: 정말 이사님스러운 말씀이네요.

처음부터 끝까지, 다크버트를 경험하기 이전과 이후, 늘 한결같은 정진우 이사다운 답변이었다.

명지연: 요즘은 'SAIP'라는 이름의 AI 플랫폼을 위한 개발을 하느라 바쁘시잖아요. 앞서 이승현 수석님과도 이야기를 깊게 나눴는데, 이사님은 기업용으로 만들고 있는 SAIP의 지향점을 어떻게 보고 계세요?

정진우: 저는 기업이 '데이터'와 관련해 겪고 있는 문제를 'AI'로 풀겠다는 것이 SAIP의 '지향점'이라고 생각해요.

명지연: 이승현 수석님과도 비슷한 관점인 것 같아요. '문제'와 '해결'이라는 측면에서.

 맞아요. 문제와 해결! 현대 사회에서는 데이터가 너무 많거나 정제되어 있지 않아서 접근성이 떨어지고, 이로 인해 업무 시 사람의 손을 많이 타야 하는 상황이 발생하는데요. 기업 내 데이터가 가진 빛을 발휘하지 못하고 있는 문제를 보면, 저는 이 문제를 풀고 싶다는 욕구가 들거든요. 어떻게 보면 유수의 기업 및 기관에 SAIP를 공급하는 것이 에스투더블유가 가진 AI 기술로 기업의 디지털 전환, 즉 DT(Digital Transformation)를 돕는 과정 중 하나로 볼 수 있는데요, 생성형 AI가 나오기 전후로 AI의 능력이 급격하게 좋아져서 풀 수 있는 문제가 생각보다 굉장히 많은데… 아직 현장에서는 이 부분을 잘 체감하고 있지 못하거든요. 저는 그 괴리를 좁히는 데 집중하는 일들을 하고 있는 것 같아요.

정진우 이사와 다크버트에 대한 히스토리를 시작으로 에스투더블유 AI 플랫폼의 지향점에 대한 이야기까지 시간 가는 줄 모르고 나눴다. 자신이 하는 일에 대한 목적의식을 정확하게 알고 있고, 그 일의 본질에 집중해서 일이 예상보다 잘 되어도 크게 동요함 없이 자기의 길을 가는 그의 모습이 대단히 숙련된 사람으로 느껴졌다.

아마 이런 점은 나뿐 아니라 이 회사에서 만난 많은 분들이 겸손한 미덕을 갖춘 인격으로서 정진우 이사를 존경하는 이유가 아닐까 싶다.

참고로 '다크버트'뿐 아니라 에스투더블유에서 참여한 AI 관련 다른 논문들도 세계 최고 권위의 자연어처리 관련 학회에 3년 연속 등재됐다. 2022년 NAACL을 시작으로, 2023년 ACL과 2024년 NAACL에서 채택된 바 있다.

컴퓨터가 사람의 언어를 이해할 수 있다고요?

정진우 이사는 어떤 이유로 AI 필드에서 일하게 됐을까? 지금은 인공지능이 세상을 뒤바꾼 시점이지만, 그가 처음 이 학문을 연구하겠다는 결심을 한 시기에는 세상이 지금과 같지는 않았을 테니 말이다.

명지연: 에스투더블유에는 언제 어떻게 입사하신 건가요?

정진우: 2020년 8월에 먼저 에스투더블유에 합류했던 지인의 추천

을 받아 입사한 회사였어요.

명지연: 그전에도 AI 필드에서 일하셨나요?

정진우: 네, 직전 회사는 삼성전자 종합기술원 머신러닝 랩에서 전문 연구원으로 있었어요. 그때 한국어를 농인(청각장애인)의 수어로 자동 번역하는 일을 했고요. 실제로 농인들을 만나서 고충을 청취하고, 이에 대한 문제를 기술로 풀어낸 일들이 지금도 제 삶에 큰 의미로 남아 있습니다.

명지연: 그렇군요. 처음 AI 필드에서 일하기로 결심하신 계기가 있었나요?

정진우: 아, 처음에는 단순한 호기심 때문이었습니다. 제가 석사와 박사 시절 모두 인공지능 분야에 대한 연구를 했는데요, 좀 더 구체적으로 이야기하면 전산학 석·박사 때 전공한 분야가 자연어처리였어요. 컴퓨터공학을 전공했던 학부 때부터 관심이 있던 학문이었는데, 처음 학부 때 관심을 갖게 된 계기는 교수님의 우연한 추천이었어요.

명지연: 어떤…?

정진우: 학부 때 교수님이 처음 자연어처리라는 분야에 대해 더 연구해보면 어떨지 추천해주셨는데요, 사람의 말이란 게 참

어려운 거잖아요. 근데 자연어처리라는 게 결국은 컴퓨터에게 사람의 언어를 처리할 수 있도록 학습시킨다는 관점이니까 '이 어려운 걸 컴퓨터가 이해할 수 있을까?' 하고 호기심이 생겼던 거죠. 사람의 언어에 내재된 '복잡성'과 '심오함'을 컴퓨터가 이해할 수 있다고? 이런 호기심이 저를 여기까지 끌고 온 것 같아요.

명지연: 재미있는 말씀이네요. 당시에는 인공지능이 몇 년 후 이렇게까지 세상을 바꿔놓을 것이라고 예측하긴 어려웠을 것 같은데, 실제로는 어떠셨어요?

정진우: 맞아요. '언젠가' 인공지능이 세상을 바꿀 것이라고는 생각했지만 이렇게 '빨리' 올 것이라곤 생각을 못 했죠. 정말 챗GPT가 그 시기를 많이 앞당겼습니다.

정진우 이사와 지난 시절을 회상하며 이야기를 나눴다. 과거의 여러 말들과 사건 사이를 지나오며 우리는 지금에 대한 이야기를 하지 않을 수 없었다.

명지연: 지금 에스투더블유의 AI팀은 어떤 정체성을 가진 팀인지도

궁금합니다.

정진우: 음… 에스투더블유의 AI팀이 어떤 팀인지에 대한 질문은 SAIP가 어떤 제품인지에 대한 질문과 상통한다고 생각하는데요. '문제'와 '해결'이라는 관점에서 보았을 때 AI팀은 '데이터'의 문제를 '인공지능'으로 해결하는 팀이에요. 그러니까 인공지능 기술 자체를 맹목적으로 연구하거나 개발한다기보다 '데이터에 대한 문제를 해결하기 위해 인공지능 기술을 잘 쓰는 팀'으로 정의할 수 있죠. 동일하게 SAIP라는 제품은 뭐냐고 했을 때 같은 답변을 할 수 있는 거죠. SAIP는 '데이터'의 문제를 '인공지능'으로 해결해주는 AI 플랫폼.

명지연: 여기서 말하는 데이터의 문제를 좀 더 구체적으로 설명해주신다면요?

정진우: 데이터 문제는 크게 두 가지로 나누어 생각해볼 수 있을 것 같은데, 첫 번째는 '데이터가 너무 많아서' 생기는 문제이고, 두 번째는 '데이터가 정제되어 있지 않아서' 생기는 문제죠. 기업 내 생성형 AI 플랫폼 구축을 희망해 회사에 연락을 주시는 고객사 분들의 니즈도 딱 이 두 가지 관점에서

정의가 되거든요. 저는 이 문제들을 푸는 사람. 그걸 자연어 처리라는 AI 기술을 잘 써서. 단순하게 말하면 이겁니다.

정진우 이사와 다시 한참 동안 현재에 대한 이야기를 나눴다. 그 이야기를 나누는 내내 내 마음은 선명해졌다. 기술의 본질과 비본질이 무엇인지 생각해 볼 수 있는 대화 속에서 나 또한 나의 존재와 일의 정체성이 확실해졌기 때문이다. 그리고 인터뷰 끝에 이르러 그는 어떤 미래를 꿈꾸며 이 일들을 지속하고 있는지 궁금해졌다.

명지연: 이쯤 되니 이사님이 미래에는 어떤 일을 하고 계실지 궁금해지는데요. 혹시 삶에서 이루고 싶은 버킷리스트가 있으신가요?

정진우: 음….

그는 잠시 생각하다가 이어서 말했다.

정진우: 돈 걱정 없이 연구하고, 재미있는 서비스 만들기?

명지연: 하하, 돈 걱정 없이요?

정진우: 네, 저는 계속 문제를 해결하는 서비스를 만들고 싶은데 이 게 당장 꼭 돈이 되지 않을 수 있거든요. 그래서 돈이라는 현실 문제 때문에 해결해야 한다고 생각하는 문제를 풀지 못하면 많이 아쉬울 것 같아요. 다른 말로 하면 본질에서 멀어지는 일은 안 하고 싶기도 하고요.

명지연: 참 연구자 같으신 발언입니다. 그럼 '재미있는 서비스'는 어 떤 걸 상상해볼 수 있을까요?

정진우: 이를테면 제가 게임에 관심이 많은데요, RPG 게임을 하면 게임의 스토리가 정해져 있잖아요. 사용자가 정해진 루트 로 갈 수밖에 없죠. 근데 미래에 생성형 AI로 게임을 하면 그 스토리를 아주 자유자재로 만들 수 있어요. 사용자가 예 측하지 못하게요. 실시간으로 사람과 게임이 상호작용하면 서 루트를 같이 만들어나가는 거죠. 물론 게임의 기획자가 게임 안에서의 세계관은 만들어두지만, 그 안에서 게임의 사용자와 AI, 게임 캐릭터 간 상호작용에 의해서 '무엇이 생 길지는 모르는' 이야기를 경험하게 되는…. 그런 게임 환경 안에선 사용자마다 제각기 다른 엔딩을 맞이할 수 있는 것 이고요.

명지연: 너무 흥미로운데요?

정진우: 흥미롭죠? 이런 생성형 AI 기반의 게임은 실제로 크래프톤(KRAFTON) 같은 회사에서 시작한 걸로 알고 있어요. 사람이 게임의 엔딩을 미리 짜놓는 게 아니라 기계가 실시간으로 새로운 길을 제시하는 거죠. 엔딩이 달라지는 걸 개발자도 모르는…. 이런 시대가 곧 올 겁니다. 이게 가상현실이랑 결합되면 더 강력해질 거고요.

명지연: 매우 흥미롭습니다! 문득 궁금해진 게 있는데요. 이사님에게 인생의 롤 모델 같은 분도 혹시 계신가요?

정진우: 글쎄요… 사실 특별히 없는데, 문제와 해결 관점에서 영감을 주는 사람으로 일론 머스크를 이야기하긴 합니다. 정치적인 면 등은 제외하고 봤을 때 일론 머스크라는 사람은 기술 그 자체보다도 문제에 집중하는 사람이라…. 그런 부분이 제가 추구하는 바와 굉장히 일치해요. 기술을 위한 기술이 아니라, 인류의 문제를 해결하는 데 엄청나게 몰입하는 사람이죠. 그 문제를 해결하는 데 있어서 기술은 쓰이는 것이고요. 물론 저는 인류라는 거창한 영역의 문제 해결까지 닿아 있진 않지만요. 문제의 본질이 무엇일까에 대한 고민

은 항상 합니다. 일론 머스크의 그런 점이 존경스럽습니다. 그러다 보니 평소의 관심과 고민도 제가 가진 기술로 사람들의 업무와 생활을 어떻게 편리하게 만들 수 있을까에 있어요. 이어서 AI 업계의 변화가 너무 빨라서 앞으로 무엇을 해야 더 의미 있는 일을 할 수 있을까에 대한 고민이 뒤따라오고요.

정진우 이사와 본질에 집중해 이야기를 나누는 것이 재미있다 보니, 마지막 질문이라면서 새로운 질문이 꼬리에 꼬리를 물었다. 그제야 진짜 마지막 질문을 던졌다.

나는 그에게 평소 '아, 지금 행복하다' 하고 느끼는 순간이 있을지 물었다. 혹시 직관적으로 떠오르는 행복의 순간이 있느냐고 말이다. 그는 "자신이 만든 기술의 결과를 잘 사용하는 사람이 있을 때", "함께 일하는 팀원들이 일하는 게 재미있다고 말할 때"라고 대답했다. 그리곤 덧붙이기를 "특별히 좋은 일도 나쁜 일도 없을 때, 그 소소한 일상을 보낼 때" 행복하다고.

삶을 대하는 사랑스러운 답변이었다. 그의 삶의 기준은 본질을 지향하는 단단한 중심 안에 있다. 남보다 더 부자가 되고 남을 앞지르

   다르게 발명하는 일

기 위해 경쟁하듯 기술을 사용하는 것이 아니라, 문제를 해결하기 위한 기술에 집중하는 삶. 그 삶에 보람을 느끼고 그 삶을 함께 지탱하는 이들과 함께일 때 오래 행복한 사람.

고객의 보안 문제를 끝까지 해결하는 자세

3도 4촌으로 삽니다

에스투더블유는 완벽하게 '자율 출퇴근'을 지향한다. 주변 지인들에게 이 이야기를 하면 어떻게 회사가 그럴 수 있느냐며 믿지 못하는 경우가 태반이지만, 실제로 에스투더블유의 모든 임직원은 출퇴근 시간 자체를 스스로 정할 수 있는 순도 100퍼센트의 자율 출퇴근 제도를 따르고 있다. 원하면 오전 8시에 출근해 일찍 퇴근할 수도 있고, 반대로 도로가 꽉 막힌 출퇴근 시간을 피하고 싶다면 11시나 그 이후에 출근해도 무관하다. 팀 안에서 최고의 퍼포먼스를 내는 데 무리만 없다면, 누구든지 필요한 만큼 재택이 가능하고 출퇴근 시간 또한 본인의 업무 효율이 최대화될 수 있도록 조정이 가능하다.

그럼에도 불구하고 자정이 넘는 시간까지 에스투더블유 사무실은 불이 켜져 있는 경우가 많은데, 그중 많은 이들이 '탈론(TALON)'에 소속되어 있다. 탈론은 에스투더블유의 인하우스(in-house) 분석가 조직이다.

더 구체적으로 설명하면 '탈론'은 '위협인텔리전스센터(Threat Intelligence Center)'라고 불리는 네 개의 팀으로 이뤄져 있다. 위협분석팀(Threat Analysis Team), 위협탐지팀(Threat Detection Team), 오펜시브연구팀(Offensive Research Team), 인텔옵스팀(IntelOps Team)이 탈론 내에 있는 네 개의 팀으로, 각자 주도적이면서 동시에 유기적으로 협업해 에스투더블유 고객사의 보안 사고를 예방 및 대응하는 업무를 담당하고 있다.

현재 에스투더블유는 '빅데이터 분석 AI 기업'이라는 정체성 아래 크게 두 가지 축의 기업 및 기관용 IT 솔루션을 만들고 있다. 하나는 앞서 언급한 SAIP를 주축으로 한 'AI 플랫폼'이고, 하나는 정부 기관 및 기업에 제공하는 '안보 및 보안 플랫폼'이다. 안보 인텔리전스에 가까운 플랫폼은 이미 소개한 대로 '자비스'가 있고, 기업 보안 대응에 가까운 플랫폼은 '퀘이사'가 있다.

여기에서 탈론이 하는 역할은 에스투더블유 제품과 함께 인텔리전스를 제공해 고객사가 자신의 민감 정보를 지켜내고 보안 사고에 대응할 수 있도록 조력하는 것이다. '인텔리전스'란 사전적으로는 지능(인간의 지적 능력)을 의미하지만, 에스투더블유의 사업 영역에서는 '선별된 정보', 즉 기술적·외교적·군사안보적으로 중요한 정보나 첩보를 말한다.

좀 더 대중적인 언어로 이른바 '화이트햇 해커(white-hat hacker)' 직업을 가진 분들이 탈론 센터 내 소속되어 있다. 화이트햇 해커란 공익 또는 기업 자산 보호의 목적 아래 컴퓨터 정보 시스템에 대한 해킹을 시도해 일반적으로 '해커'라고 불리는 이들과 대비되게 보안 시스템을 점검하는 역할을 하는 이들이다. 에스투더블유에서 이 모든 역할을 총괄하는 인물이 김재기 이사다. 탈론의 수장이자 두 아이의 아버지인 그를 만났다.

명지연: 요즘 어떻게 지내셨어요?

김재기: 강릉으로 이사를 하고 나서 화요일부터 목요일까지 3일은

　　　　　　　　　　　　　　　　　　　　다르게 발명하는 일

판교 본사로 출근하고, 금요일부터 월요일까지 4일은 강릉에서 생활한 지 이제 근 1년이 되어가네요.

명지연: 요즘 유행하는 5일은 도시에서 생활하고 주말 여가 시간은 살고 싶은 지역에서 지내는 '5도 2촌' 같은 라이프 스타일처럼 들려요. 아닌가? 3도 4촌?

김재기: 하하, 어감은 비슷한데 저는 혼자만의 여가나 취향이라기보단 일과 육아의 병행을 위해 아내와 결정한 것에 가깝습니다.

명지연: 그렇군요!

김재기: 네, 첫째가 여섯 살, 둘째가 세 살인데요, 두 아이를 키우면서 처음에는 창원에서 살았고 지금은 강릉으로 이주하게 됐어요. 아이를 육아하는 데 도움을 받을 수 있는 가족들 근처로 이사하다 보니 그렇게 됐답니다. 아내는 사업체를 운영하고 있어서 육아를 하며 강릉 본가에서 지내고 있고, 저는 회사의 재택근무를 활용해 고정 재택으로 금요일과 월요일에 강릉에서 업무를 보고요. 나머지 3일은 아무래도 직접 얼굴 보고 회의하면서 해결해야 할 일들이 있다 보니 판교 본사로 출근해서 혼자 지내고 있습니다.

명지연: 상당히 빡빡한 스케줄이네요.

김재기: 네, 그래서 체력 이슈로 요즘은 자주 누워서 아이들과 놀아 줍니다만….

명지연: 하하, 일과 육아를 병행하기 쉽지 않을 텐데, 충실한 아빠 이시네요. 아내분도 그런 이사님의 일상을 지지하며 사업 운영과 함께 육아를 감당하시는 모습도 대단하고요. 혹시 아내분은 어떤 사업을 하고 계신지 여쭤봐도 될까요?

김재기: 아내는 저보다 스타트업 신(scene)에 오래 있었는데요. 지금의 제가 되는 데 많은 영향을 준 사람이라고 해도 과언이 아닌 존재입니다. 이전 회사에서는 스타트업 부대표로 있었는데, 출산 이후 시니어 여성을 대상으로 한 커뮤니티 사업을 하고 싶다는 이야기를 하더라고요.

명지연: 저도 요즘 시대에 시니어를 위한 커뮤니티나 교육 사업이 꼭 필요하다고 생각하는 사람인데 흥미롭네요. 아내분이 그 사업을 시작하는 데 특별히 어떤 계기가 있으셨어요?

김재기: 네, 어느 날 저희 부부가 함께 장모님을 뵈러 갔는데 장모님께서 방금 물어보신 질문을 금방 또 하시더라고요. "너희 언제 서울로 올라가니?" 하고요. 불과 몇 분 전에 했던 대화

인데 장모님이 같은 내용을 물어보시는 걸 보고 아내가 저에게 말했어요. "우리 엄마에게도 치매 같은 질병이 찾아올 수 있겠다…" 하고요. 한국의 고령화 사회에서 저희뿐 아니라 많은 시니어 분들께 일어날 수 있는 문제라고 생각하고, 그때부터 이 문제를 해결할 수 있는 사업을 해보고 싶다고 하더라고요. 그래서 시니어분들이 밝고 긍정적인 경험을 할 수 있는 커뮤니티 프로그램을 기획해 사업화하게 됐고요.

명지연: 아내분이 진취석으로 멋신 일을 기획하셨네요.

김재기: 네, 제 아내가 이런 성향이다 보니 저도 스스로 열정을 불태울 수 있는 일을 찾는 것, 마음이 있는 곳에 새로 도전해 보는 정신 같은 걸 자연스레 흡수하게 된 것 같아요. 사실 에스투더블유도 그렇게 해서 오게 된 회사이고요.

명지연: 이사님의 에스투더블유 입사 스토리가 궁금하지 않을 수 없겠는데요.

우리가 책임지고 해결하겠습니다

김재기 이사가 리드하고 있는 탈론에 대해 구체적으로 묻기 전, 그가 어떻게 에스투더블유에서 일하게 됐는지 먼저 질문했다.

명지연: 에스투더블유에 어떻게 입사하게 되셨나요?

김재기: 2020년도 9월이었어요. 그전 직장에서는 4년 정도 근무했는데, 당시 일에 대한 고민이 많았거든요. 전 직장은 완전 공공기관은 아니지만 일정 부분 공공성을 띠고 있었던 곳이라, 스타트업 신에서 액티브하게 일하는 아내의 모습을 옆에서 지켜보며 저 또한 열정을 다할 수 있는 환경에 대한 갈증이 있었던 것 같아요.

명지연: 그런 배경에서 에스투더블유로 이직 제안을 받으셨나 보군요.

김재기: 네, 당시 직전 조직에서 제 사수이셨던 분이 에스투더블유에 합류한 지 몇 달 정도 지났을 때인데요. 갑자기 서 대표님을 소개해주시면서 입사 제안을 받게 됐습니다.

명지연: 당시 어떤 마음으로 제안을 수락하셨어요?

김재기: 지금도 기억나는 것이 가족과 긴 휴가 일정을 잡아둔 때였어요. 첫아이만 태어났을 때인데, 가족 여행을 가기 직전에 그런 제안을 받았거든요. 가족들과 좋은 시간을 보내기로 한 때 제가 이직을 할까 말까 계속 고민하고 있으니 아내가 "그만 좀 고민하고 빨리 결정하고 놀자"고 하더라고요.

명지연: 그때도 시원하게 조언해주셨네요.

김재기: 네, 그리고 이렇게 덧붙이더라고요. "어떤 결정을 해도 나는 지지한다"고. 그래서 에스투더블유로 이직하겠다고 빠르게 내답했고, 현재까지 이곳에서 일하는 것에 대한 만족도는 10점 만점에 9점을 상회합니다.

명지연: 5년 정도 근무하셨는데 여전히 9점이라는 높은 점수라면, 믿을 만한 회사인 건 확실하겠습니다?

김재기: 하하하.

일하면서 경험한 김재기 이사는 확실하고 정확한 사람이었다. 어떤 어젠다에 대해 고민해서 결정하되, 그 결정을 뒤돌아보지 않고 충분히 책임질 수 있는 사람. 그런 그의 모습 때문에 때때로 '해결사' 같은 느낌을 받곤 했다. 실제로 그가 에스투더블유에서 맡고 있는 일은 에스투더블유의 어떤 일보다 고객사의 위험한 순간에 믿음직한 '해결사'로 문제를 해결하는 일이기도 하다. 다른 말로는 전쟁의 최전선에 있는 것 같은 느낌의 일이기도 한데, 문제의 범위도 넓고 난도도 높아 그 모든 일을 어떻게 감당하고 있는지 상상이 잘되지 않을 때도 많다. 고객사의 보안 사고가 터지면 새벽이든 주말이든 가리지 않고 문제를 해결해주니 말이다.

명지연: 현재 하고 계신 일이, 또 탈론이라는 큰 조직의 리더라는 위치가 상당히 어렵지 않을까 싶은데요. 이 일을 하고 싶은 분들이 마치 예방주사를 맞듯, 이사님이 업의 어려움을 정의해주시면 좋을 것 같아요.

김재기: 음… 저는 "책임 없는 쾌락을 주의하자"고 이야기합니다. 사실 모의 해킹이나 해킹 사건의 리서치를 하는 건 굉장히 흥미로운 일이거든요. 그래서 이 일이 재미있어 보이니 하고 싶어 하는 친구들이 제법 있고요. 그런데 이 일이 비즈니스로 이어지면 우리 고객사의 해킹 이슈 등을 책임지고 해결해줘야 하니까, 주말에 해킹 사건이 터졌을 때 우리 고객사의 보안 사고가 비즈니스 리스크로 이어지지 않을 수 있게

사명감을 가지고 책임을 다하는 것… 이게 이 일의 본질에 가까워서요. 그러니 직업적으로 봤을 때 개인의 책임감이 굉장히 높게 요구되는 일입니다.

명지연: 와, 그런데요….

김재기: 네?

명지연: 이사님 답변을 들었을 때 이게 이 일의 단점이면서 동시에 장점이라는 생각이 드네요. 제가 다음 질문으로 여쭤보고 싶었던 것이 반대로 '이 일을 선택하기 잘했다고 느끼는 순간은 언제인지'였거든요.

김재기: 정확히 보셨습니다. 위에 언급한 내용이 이 일을 할 때 느끼는 어려움이지만, 동시에 이 일을 할 때 느끼는 보람과 일맥상통하죠. 밤낮없이 문제를 해결해 결국 누군가에게 우리의 위협 탐지 및 분석 기술이 도움이 됐을 때 말할 수 없이 큰 보람을 느낍니다.

명지연: 결국 사람도 일도 장점과 단점이라는 건 꼭 붙어 있네요.

사내 동료들에게도, 고객사에게도 문제가 생겼을 때 든든하게 해결해줄 수 있는 사람이 되는 일은 스스로에게 무거운 어깨의 짐을 지우는 것과 같을 것이다. 다 묻진 않았지만, 아마도 그는 가정에서도 그런 남편이자 아버지가 아닐까 하고 생각했다. 문제를 피하지 않고 전선에 서서 해결하려고 애쓰는 사람. 누군가 강요해서가 아니라 스스로 의도해서 그 모든 책임을 짊어지려는 사람. 그래서 동시에 당당한 아름다움을 발산하는 사람.

우리는 앞서 행동합니다

그렇다면 김재기 이사가 리드하고 있는 그룹 탈론은 무엇을 위해 존재하는 조직일까? 구체적인 이야기를 들어봤다.

명지연: 이사님이 이끌고 계신 탈론을 어떤 그룹으로 정의하시나요?

김재기: '액셔너블 인텔리전스(Actionable Intelligence)'를 위해 존재하는 조직이라고 소개하는데요.

명지연: 조금 더 풀어서 설명해주시면?

김재기: '인텔리전스'라는 게 결국 '선별된 정보'를 의미하는데요, 보

　　　　　　　　　　　　　　　　　　다르게 발명하는 일

안 사고가 났을 때 사고를 수습하는 차원에서만 행동하는 것이 아니라, 우리가 가지고 있는 인텔리전스를 활용해 선제적인 행동을 할 수 있는 방안을 모색하는 조직이라는 거죠. 그래서 '액셔너블 인텔리전스'. 그 '행동'의 범위는 기업뿐 아니라 국가의 중요 기관들이기도 하고요. 결국 탈론은 분석 및 자동화 기술을 바탕으로 위협 인텔리전스를 선별 및 제공해 고객이 안전한 사이버 환경을 조성할 수 있도록 기여하고 있습니다.

명지연: 실제로 국가 기관을 대상으로 한 해킹 사례가 지난해부터 꾸준히 있었어요. 관련해서 전자신문에 기고하신 칼럼도 있으셨잖아요.

김재기: 맞아요. "국가안보 위협하는 보이지 않는 손, APT 그룹"이라는 제목으로 칼럼을 기고한 적이 있습니다.

명지연: 칼럼에서 보면 'APT 그룹'이라는 단어가 지속적으로 등장하던데….

김재기: 네, APT 그룹이란 'Advanced Persistent Threat'의 약어로, 한국말로는 국가 배후의 '지능형 지속 위협 그룹'이라고 이야기합니다. 좀 길죠?

명지연: 네, 조금 더 쉽게 설명해주신다면요?

김재기: 아주 쉽게 설명하면, 해킹 그룹인데 그중 국가를 배후에 둔 해킹 그룹이에요. 그래서 많은 미디어에서 '국가 배후 해킹 그룹'이라고 통칭해 설명하기도 하고요.

명지연: 아하, 그렇군요! "국가가 배후에 있다"는 건 정확히 무슨 뜻인가요?

김재기: 해커들 중에 북한, 중국, 러시아 같은 특정 국가나 정부의 원조를 받아 활동하는 조직들이 있어요. 그들을 '국가 배후'의 해커 조직이라고 표현합니다.

명지연: 그럼 APT 그룹은 국가의 지원하에 정보를 수집하고 위협 활동을 하니, 그 파급력도 더 크겠어요.

김재기: 맞습니다. 실제로 칼럼에도 "APT 그룹은 특정 국가나 정부의 지원하에 정보 수집과 시스템 파괴, 금전적 이익 편취 등을 목표로 표적에 지속적인 공격을 가하는 집단으로, 그 파급력에 따라 정치적·사회적 혼란을 야기하기도 한다"고 썼어요.

명지연: 심오하고 흥미로운 세계네요.

김재기: 최근 APT 그룹의 트렌드는 AI 시대의 변화와 맞물려 공격 준비 과정에서 생성형 AI나 LLM을 악용하고 있다는 점인

데요. 하나의 예로 APT 그룹이 챗GPT를 정보 수집, 코드 디버깅(code debugging), 피싱(phishing) 콘텐츠 작성 등에 활용한 사례가 남아 있기도 하고요. 이처럼 지속적인 위협으로 다가오는 APT 그룹의 공격에 대응해 최적의 안보 전략을 구축하는 것이 중요하죠.

베스트 오브 베스트가 되고 싶은 이들에게

인터뷰 후반부에 이르렀다. 남은 질문으로 김재기 이사에게 앞으로 보안 필드에서 일하고 싶은 이들을 위해 해줄 수 있는 조언이 있을지 물었다. 요즘 생성형 AI와 기술이 빠르게 발전하면서 '사이버보안' 시장에 대한 학문적·실무적 수요가 크게 늘고 있다는 이야기를 자주 접했기 때문이다.

명지연: 요즘 사이버보안 시장의 위상이 점점 높아지고 있다는 생각이 들어요. 말씀하신 것처럼 생성형 AI 같은 기술의 대중화가 너무 빠르게 진행되고 있다 보니, 해커의 악용 사례 같

은 기술의 '어두운 면'도 함께 가속화되고 있는 듯해서요. 실제로 제 막내 사촌 동생이 고등학교 2학년인데, 최근 진로를 사이버보안 쪽으로 정했다고 하더라고요. 일반적으로 인문계 중·고등학교를 다닌 이상 사이버보안 지식을 구체적으로 알기는 어려울 텐데, 이 분야에 흥미가 있고 대입 시 관련 학과에 진학하고 싶어 한다는 게 흥미롭더라고요. 그래서 궁금했어요. 이사님은 어떤 학생이셨는지. 어떤 학창 시절 경험을 토대로 지금의 이사님이 되셨는지요.

김재기: 재미있는 질문이네요. 저도 추억이 새록새록 하고요. 아마 요즘 친구들의 환경과는 사뭇 다르겠지만, 제가 중·고등학생 시절일 때는 사이버보안이라는 게 무엇인지도 모르면서 우연히 접한 주변 환경을 통해 이 업계에 관심을 가지게 된 것 같아요. 중학생 때 한 친구가 다음(Daum) 메일로 제게 뭔가를 보냈는데요. 그 메일을 통해 온 첨부파일을 다운로드해서 컴퓨터에 설치했거든요? 근데 이 파일 설치로 제 컴퓨터가 재부팅되면서 먹통이 된 거죠.

명지연: 세상에!

김재기: 그러니까 지금 생각해보면 일종의 악성코드를 저한테 설치

한 거죠. 소위 말하는 '해킹 실습'이랄까?

명지연: 뜨악!

김재기: 당시엔 엄청 열이 받았는데, 그 우연한 사건이 계기가 됐어요. 친구가 그걸 '해킹'이라고 알려주더라고요. 그래서 저도 그 친구에게 복수하려고 친구가 모르는 해킹 책까지 뒤져 독학하면서 악성코드가 심긴 프로그램 설치하는 법을 배우고 그랬답니다.

명지연: 하하하.

김재기: 그렇게 중학교 시절부터 사이버보안 분야에 대한 관심은 가지고 있다가 인문계 고등학교를 진학해서, 막연하게 어릴 때 기억이 있고 하니까… 컴퓨터공학이 재미있을 것 같아서 대입 시 전공으로 선택했어요. 그런데 사실 저는 이 분야에 굉장히 늦게 들어온 편이에요. 이 분야를 더 일찍 시작한 분들도 많은데 저는 우연한 계기로 관심을 갖고 인문계 고등학교를 진학해서 컴퓨터공학을 전공한 거니까요. 또 대학 입학 후에도 바로 전투적으로 보안 지식을 공부하진 않았어요. 나름의 대학교 로망이 있어서. 잔디밭에서….

명지연: 하하하.

김재기: 그러다가 군대에 다녀와서요. 제가 컴퓨터공학 전공인데 같은 전공생들보다 컴퓨터 프로그래밍을 잘 모르고 있다는 생각이 들었어요. 그때 다시 생각났던 게 '해킹'에 대한 관심이었어요. 그날 이후 '보안 동아리'를 찾아서 닥치는 대로 열심히 했어요. 제가 다니고 있던 대학교에는 관련 동아리가 없길래 대외 동아리를 위주로 활동했죠. 지금도 그때 대외 동아리에서 만난 분들이 업계에서 큰 힘이 됩니다.

명지연: 예를 들어 한두 가지만 소개해주실 수 있나요?

김재기: 해킹 관련 커뮤니티로는 '해커스쿨'이라는 곳에서 활동하면서 같은 꿈이 있는 분들과 교류했고요. 'BoB(Best of the Best)'라고 과학기술정보통신부 산하의 차세대 보안 리더 양성 프로그램이 있는데, 그 프로그램에서 교육을 받았고요. 현재는 면접관으로 BoB 프로그램에 신청한 차세대 보안 리더분들을 선별하고, 합격 후에는 멘토링을 해주는 멘토로도 활동하고 있습니다. 에스투더블유 탈론에 있는 팀장님들도 BoB 교육 과정을 수료한 분들이시고요.

명지연: 왠지 BoB 프로그램에 들어가는 것도 경쟁이 상당히 치열할 것 같은데요.

김재기: 요즘은 모든 게 사교육화되어 있다 보니 제가 창원에 살던 시절 창원 이마트에도 BoB에 합격하기 위한 학원 광고가 붙더라고요. 그러니까 BoB' 프로그램 자체에 대한 광고가 아니라 BoB 합격을 위한 사교육 준비반이 별도로 생긴 거죠. 사교육화된 시스템이 안타까우면서도 이렇게 이 시장이 커졌구나 싶기도 하고요. 제 학창 시절만 하더라도 사이버 보안 분야에 전문성이 있는 스타트업은 생각도 못 했고, 대중에게 알려진 유일한 보안 기업은 '안랩(AhnLab)' 정도였으니까요.

과거와 현재를 이어 설명하는 김재기 이사의 눈이 빛났다. 그는 "꿈이라는 건 선한 영향력을 가진 누군가에게 전염되는 것 같다"는 이야기도 했다. 자신 또한 "사이버보안을 공부했던 커뮤니티에서 만난 주변인들에게 그런 영향을 받아서 오늘의 내가 있는 것 같다"고. 그래서 "비교적 늦게 이 일을 시작했지만, 하루하루 쌓아온 열정으로 여기까지 오게 됐다"고 말이다.

제 버킷리스트는요

나는 마지막으로 앞으로 그가 꿈꾸는 미래에 관한 이야기를 물었다.

명지연: 이제 앞으로의 이야기를 끝으로 마지막 질문을 해볼게요.

김재기: 앞으로의 이야기요?

명지연: 네, 앞으로 주목하고 계신 미래의 보안 어젠다가 있다면 무엇일지, 또 개인적으로 이사님의 삶에는 어떤 버킷리스트가 있을지 궁금해요.

김재기: 먼저 주목하고 있는 미래의 보안 어젠다는 앞서 인터뷰에서 답한 내용과 같이 AI와 관련된 보안 이슈를 이야기할 수 있을 것 같아요. 왜냐하면 해커 같은 공격자들도 생산성 향상을 위해 AI 활용을 많이 하고 있거든요. 그렇기 때문에 에스투더블유의 탈론 같은 방어자 입장에서도 AI 기술의 고도화에 대해 더 발 빠르게 대응해야 하는 시기죠. 더불어 생성형 AI 플랫폼이라는 것 자체가 기존에는 없던 기술이다 보니, 대중뿐 아니라 이런 플랫폼과 기술이 활성화된

많은 기업과 기관이 공격자들의 먹잇감이 되기 매우 쉬워
요. 오래전의 인프라나 레거시코드(legacy code)는 이미 관
리를 해온 이력이 있기 때문에 방어가 쉬운 편인데, 새로운
건 일단 개시한 후에 방어책을 고려한다는 입장이기 때문
에 보안 이슈와 무조건 맞물리거든요.

명지연: 이 인터뷰를 부디 많은 기업과 기관에서 보시면 좋겠네요.
보안업계 관계자분들은 물론이고요! 끝으로는 이사님의
개인적인 버킷리스트를 묻고 싶어요.

지금까지 단 한 질문도 막힘없이 대답했던 김재기 이사가 갑자기 머
뭇거렸다.

김재기: 아, 그게 사실⋯ 유일하게 이 질문만 대답을 못하겠더라
고요.

명지연: ?!

김재기: 정말 깊이 고민해봤는데 떠오르는 게 없어서 아내에게도
따로 물어봤어요. 혹시 내가 평소에 꼭 하고 싶다고 말했던
버킷리스트가 있느냐고요.

명지연: 아내분이 뭐라고 답하시던가요?

김재기: 아내는 "나랑 크루즈 여행하는 것"이라고 이야기하긴 했
는데, 그 말을 듣자마자 제가 "그건 네 버킷리스트 아니냐"
고… 했습니다.

명지연: 푸하하!

김재기: 그래서 말인데요, 제가 지금부터 찾아보겠습니다. 이 순간
이후로부터 제 버킷리스트를요!

유난히 호탕한 웃음이 많이 오고 간 인터뷰였다. 김재기 이사는 호
기심 많은 나의 질문에 시원하게 답해주었고 머뭇거리는 법이 없었
다. 생각해보면 일을 하면서도 그랬다. 보안 관련 용어는 유독 어려
운 것이 많고, 새로운 위협은 언제나 발생하다 보니 매 순간 공부해야
할 것들이 많은 전문적인 분야였다. 그때마다 멘토처럼 도움을 구하
러 찾아간 이가 김재기 이사였다. 그는 열정을 가지고 문제를 해결하
려는 이들에게 늘 친절한 사람이었고, 그 덕분에 나뿐만 아니라 많은
구성원들이 보안 지식 수준을 높이며 함께 일을 추진할 수 있었다.

그런데 그에게 물은 아주 단순한 마지막 질문, 미래에 꼭 하고 싶은
개인적인 버킷리스트가 없느냐는 질문에 호탕하게 웃으며 앞으로 찾

아보겠다는 그. 그의 이런 사람됨 때문에 많은 임직원들과 고객사들이 평안한 하루하루를 보내지 않았을까 싶다. 홀로 미래에 하고 싶은 일보다 현재의 사건 사고에 더 충실한 사람. 나는 정말 마지막으로 그에게 물었다.

"혹시 버킷리스트가 없다는 게 현재 삶에 대한 만족도가 이미 크기 때문일 수도 있을까요?"

그는 곰곰이 생각하다 답했다.

"글쎄요. 그것보다는… 하루하루가 역동적이다 보니까, 그냥 여기까지 온 것 같아요."

언젠가 이 일상이 그에게 충분했다고 여겨질 때, 나는 그가 그의 두 아이들 그리고 아내와 함께 긴 크루즈 여행에 다녀오는 상상을 했다. 아마 그때도 그는 아내의 버킷리스트를 실현할 수 있어서 기쁘다고 말할 것 같지만…. 매 순간, 매 하루, 매 사람에게 충실한 그이기에….

스타트 위드 하우 Start with How

'사람 중심의 성장 방식'으로

자율 안에서 개인과 조직의 동반 성장을 모색하다

'자율'이란 단어를 검색해보면 이렇게 정의하고 있다.

"남으로부터 지배나 구속을 받지 않고, 자기의 행동을 자기가 세운 규율에 따라서 바르게 절제하는 일."

에스투더블유는 창업 후 7년의 시간 동안 완전한 '자율 출퇴근'과 '원격(재택) 근무' 제도를 시행하고 있다. 조직 구성원에 대한 순도 높은 신뢰 없이는 결코 채택하기 어려운 시스템이다. 몇십 명 규모의 조직일 때는 그나마 수긍이 가지만, 100여 명이 함께하는 현재의 규모에서도 이런 제도를 유지하고 있다는 건 실로 놀라운 일이다. 더욱이 서상덕 대표에게는 앞으로 임직원 규모가 천 명을 넘어서는 기업이 되는 날까지도 '자율'을 유지하고 싶다는 소망이 있다.

에스투더블유가 자율성 안에서 조직의 성장을 도모할 수 있는 이유는 실제 이 회사의 경영진들이 모두 '책임'과 '자유'의 힘을 믿는 이들이라는 데 있다. 서상덕 CEO, 박근태 CTO, 이기욱 CHRO는 '자유로운 기업'으로 보이기 위해 이 제도를 시행하는 것이 아니라, 진심으로 '양적' 근로 시간과 업무 생산성이 정확히 비례하지 않고 오히려 '질적' 근로가 기대 이상의 업무 결과를 낳을 것이라고 믿는다.

그렇기에 구성원 스스로 '오늘은 집에서 일하는 것이 더 효율적인 상태'라고 판단을 한다면, 별도의 사유를 제출하거나 허락을 받을 필요 없이 재택근무를 선택해 시공간의 업무 효율을 높일 수 있다. 물론 재택근무를 한다고 해서 분 단위 시간 단위로 업무를 트래킹하는 숨막히는 시스템 또한 없다. 이때 전제는 개인 스스로 '재택근무가 질적으로 높은 업무 결과를 낼 수 있다'는 판단이다.

인공지능 시대에 접어들면서 '업무 생산성'과 '삶의 질'은 더욱 중요한 사회적 화두로 떠오르고 있다. 이를 만족시키기 위해 조직의 리더

는 '어떻게 하면 팀원들의 업무를 더 완벽하게 트래킹할 수 있을까?'
보다 '어떻게 하면 팀원들이 스스로 이 업무에 몰입하도록 도울 수 있
을까?'에 초점을 맞춰야 한다. 강압적이고 획일적인 방법은 업무 몰입
도와 일의 창조성에 큰 도움이 되지 않기 때문이다. 그런 면에서 에스
투더블유의 조직문화와 리더십은 일종의 이정표가 된다.

자본주의 성공 방식을 역행하는 '휴머니즘' 스타트업

자본주의 성공 방식은 단기 성과에 탁월하다. 동료와 경쟁해서 우
위에 서기 위해 자신의 노력을 증명하고, 이를 바탕으로 차등 보수를
받는 방식으로 진행되기 때문이다. 당장 얻을 수 있는 눈앞의 결과만
보면 '승리'한 것 같다. 하지만 그런 방식의 '빠른 1등'은 오래가지 못
하는 현실을 우리는 종종 마주하곤 한다.

에스투더블유는 기존의 자본주의적 성공 방식을 역행하는 회사다.
나를 '갈아 넣은' 경험이 많은 4050 선배들이 이를 답습하지 않기 위
해 새로운 조직문화를 구축했고, 2030 실무자들이 자율적으로 성과
를 낼 수 있도록 안전한 환경을 제공했다. 이에 회사를 안전한 '집'처

럼 설계해 안정적인 성장곡선을 그릴 수 있도록 상호 보이지 않는 신뢰를 쌓았고, 그 신뢰를 바탕으로 동료와 힘을 합칠 수 있도록 도왔다. 그 힘으로 최상의 퍼포먼스를 내도록 만드는 성공 방식은 많은 시간과 애정 어린 노력을 수반한다. 나는 이를 자본주의 성공 방식을 역행하는 '휴머니즘' 성공 방식이라고 정의하고 싶다.

휴머니즘 성공 방식을 지향하는 그들의 철학과 지혜를 들여다보면, 우리는 자본주의 사회에서 성공하기 위해 협력보다 경쟁을 선택한 지난날의 성공 방식에 대해 스스로 질문을 던지게 된다.

"현대인들이 일을 통해 만들고 싶은 삶의 가치는 무엇일까?"

우리는 모두 다른 일의 의미를 가지고 있겠지만, 한 가지 확실한 것은 우리 자신을 '소진'하기보다 '발전'시키길 원한다는 것이다. 지속적으로 나를 발전시키는 삶을 위해서는 항상 1등을 할 수도 매일 성장을 할 수도 없는 노릇이다. 때로는 멈춰서 충분한 쉼을 누리고, 때로는 동료들에게 의지하기도 하면서, 우리는 스스로를 조절할 수 있어야 한다. 그래야 오래간다.

이런 이유로 에스투더블유는 지금도 '성장하는 조직의 일하는 문화'를 재해석하고 '사람 중심의 새로운 성공 방식'에 주목한다. 임직원들이 자신의 리소스 안에서 최선의 퍼포먼스를 끌어내는 데 필요한

'자율성'을 훈련하도록. 그리고 그 훈련을 조직의 안전한 시스템과 보이지 않는 믿음의 연결로 뒷받침해준다.

나 또한 지난날 스타트업 신(scene)에서 살아남기 위해서는 동료와 경쟁해야 하고, 언제나 최상의 퍼포먼스를 내야 하고, 그렇지 않으면 스스로 죄책감과 비슷한 감정을 느껴야 한다는 무언의 압박 속에서 살아왔다. 그런데 에스투더블유의 조직문화를 경험한 이후 그 생각이 달라졌다. 지난 10년간 일의 세계에서 경험한 최상의 퍼포먼스는 자율과 책임과 신뢰에 기반한 에스투더블유의 조직문화 안에서 폭발할 수 있었기 때문이다.

따라서 생존에 성공한 스타트업들이 번영으로 가는 길목에서 고민할 때, 이 책이 소개한 에스투더블유 특유의 조직문화와 최고경영진의 경영 철학이 도움이 될 수 있길 기대한다. 그 길은 빠른 1등이 아니라 오래가는 팀, 반짝 회자하는 스타트업이 아닌 탄탄하게 글로벌 시장에서 인정받는 혁신 기업으로 나아가면서도 구성원 개개인이 자기만의 길을 발명하는 방향일 것이다.

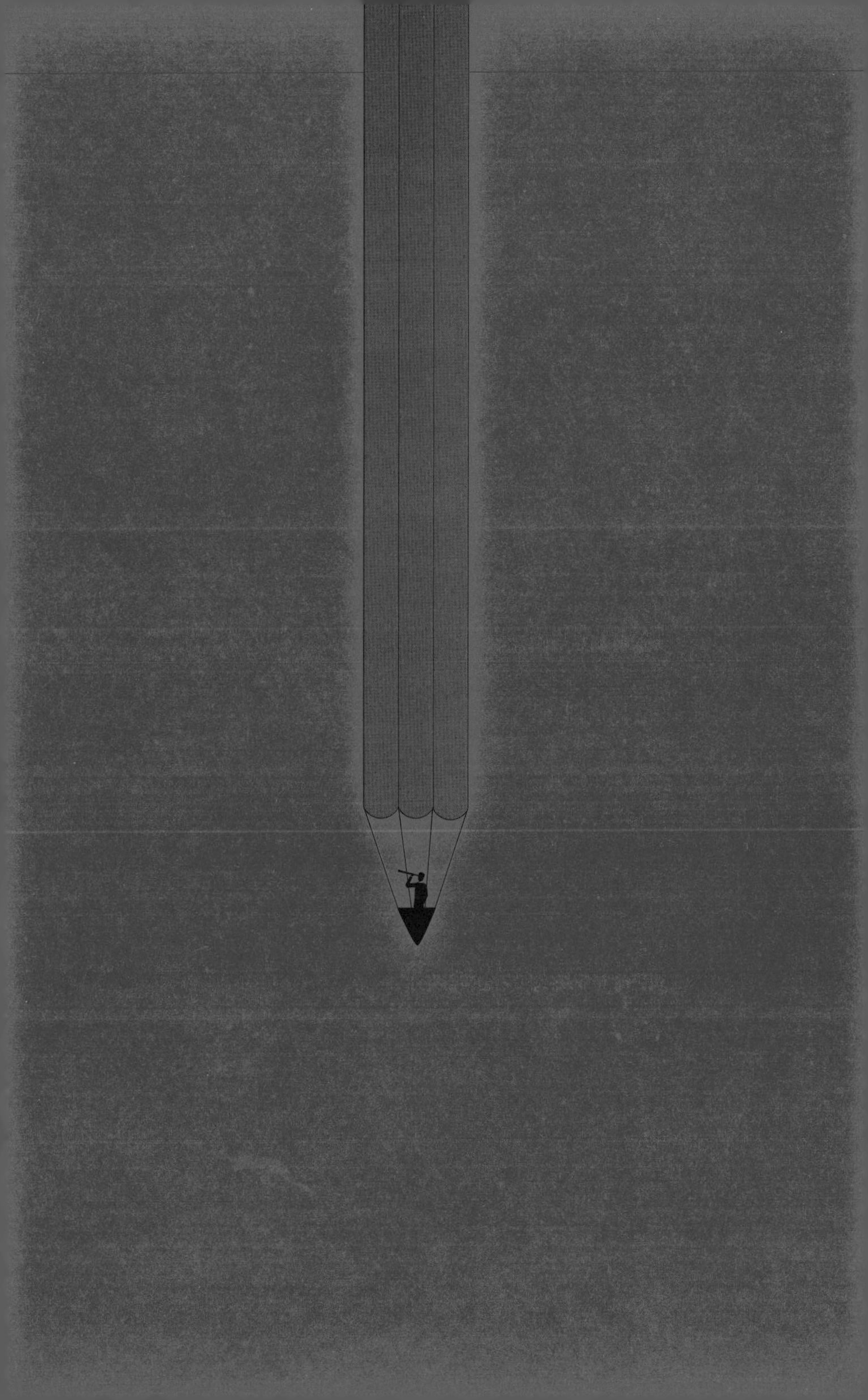

자율

"저는 여전히 책임감의 발로가 '나'보다 '우리'인 사람이 더 좋아요. 그리고 그게 우리 회사 문화에 잘 어울린다고 생각합니다. 내가 어떤 일을 책임지는 이유가 '내가 빛나고 싶다'보다 '우리 팀에 기여하고 싶다'는 마인드를 가진 분들이요."

_서상덕 대표, 최고경영책임자

"'자유'는 산출물의 긍정적 측면을 극대화하기 위한 '필수 요소'라고 생각해요. '자율적으로 스스로 고민하는 문화'는 옵션이 아니라 필수적이라고 생각합니다. 그리고 '책임'은 그 자유의 결과물이 회사의 성장 및 고객 만족도에 부합하기 위해 함께 필요한 문화라고 생각해요. 그러니까 자유와 책임은 뗄 수 없는 관계인 거죠. 큰 책임을 이끌어내기 위해선 자기 몰입이 가능하도록 스스로 고민할 수 있는 시간을 주는 자유가 필요한 거고."

_박근태 부대표, 최고기술책임자

눈앞의 성과보다 먼저 믿는, 사람과 기술

자율

책임감의 발로가
'나'보다 '우리'인 사람들

에둘러 탄 게 오히려 좋던데요?

내가 2021년부터 약 4년간 에스투더블유에서 일하며 가장 영향을 많이 받은 사람을 꼽으라면 최고경영책임자(CEO)인 서상덕 대표라고 할 수 있다. 홍보팀장으로 일하는 동안 언론 인터뷰나 미팅 요청에 응대하는 과정에서 서 대표와 자주 동행하고 긴밀히 소통할 일이 많았기 때문이다.

서 대표 옆에서 그가 에스투더블유를 어떻게 소개하는지, 어떤 마

다르게 발명하는 일

음가짐으로 일하고 있는지, 회사 밖에서는 어떻게 행동하는 사람인지 관찰할 기회가 많았던 이유도 있다.

그날도 어떤 매체 기자와 점심 미팅이 있는 날이었다. 함께 식사하고 회사에 돌아가려는 길에 기자가 내게 물었다.

"대표님은 어디에 주차하셨어요? 기사님이 운전하는 차로 오셨죠?"

나는 그 말을 듣고 손사래를 치며 대답했다.

"아, 대표님은 기사님이 따로 없으시기도 하고… 거의 대중교통을 타고 이동하세요. 오늘도 버스 타고 오셨습니다."

생각해보니 우리가 많은 미디어에서 접한 대표 혹은 회장의 이미지는 꼭 이런 것 같다. 자택 앞에 대기한 자동차 뒷좌석에 타서 편하게 회사로 이동한 후, 비서가 타준 커피 한잔의 여유를 즐기며 신문을 읽고, 사내 직원들과는 얼굴 마주치거나 소통할 일이 거의 없는, 뭐 그런 이미지들….

다소 고전적으로 묘사한 풍경이긴 한데, 과장됨을 고려하고 보더라도 이런 묘사는 서 대표와는 아주아주 거리가 멀다. 내가 서 대표를 생각할 때 느끼는 감정 중 하나는 '의외성'이다. 그는 과학고와 한국과학기술원을 졸업하고 미시간대학교 경영대학원에서 MBA 학위를 취득한 화려한 이력을 갖고 있지만, '엘리트'라는 단어에서 연상되는 전

형적인 이미지와 달리 참으로 겸손하고 검소한 분이다.

평소 꾸밈없이 수수하기도 하고 틈만 나면 농담을 일삼는 유머러스한 분. 또 가장 존경스러운 점은 언제나 경청하고 어디서나 예의가 바른 분이라는 건데, 그건 부, 직업, 직책, 이해관계와 무관하게 누구에게나 같은 모습을 보인다. 그의 이런 사람됨을 곁에서 몰래 존경했다. 세상에 위대한 리더는 수없이 많지만, 그들 중 그가 속한 집단에서 진심 어린 인격적 존경을 받는 리더는 드물다고 생각한다. 그의 이런 모습 때문에 이름처럼 '덕이 많은' 사람들을 주변으로 계속 불러오고 있는 게 아닐까 싶다. 에스투더블유에 유독 실력과 인성을 함께 겸비한 동료들이 많이 모여 있는 이유도 아마 그 중심에 서 대표 같은 이가 기둥이 되어주고 있기 때문일 것이다. 그를 마지막 인터뷰이로 만났다.

명지연: 입사 초부터 에스투더블유는 특이한 사람과 문화가 있는 회사라고 생각했는데, 이제 그 사람들과 조직문화를 세상에 알릴 수 있다니 기뻐요.

서상덕: 앞서 인터뷰하신 동료분들의 이야기를 미리 살짝 봤는데, 뭐랄까… 저녁에 소주 한잔 마시고 제가 인터뷰어인 지연

     다르게 발명하는 일

님이 되어서 직접 내밀한 인터뷰를 하는 느낌이 들어 좋았
어요.

명지연: 대표님은 언론에 많이 노출되어 있는 분이긴 하지만, 주로
사업에 대한 소개나 창업 스토리 일부만 공개되어 있다고
느끼곤 했어요. 제가 궁금한 건 그 이상의… 대표님 개인이
어떤 분인지에 대한 이야기를 좀 더 구체적으로 여쭙고 싶
어요. 어떤 경험을 통해 지금의 모습으로 성장하신 건지요.
혹시 학창 시절엔 어떤 학생이셨나요? 특히 좋아했던 과목
이나 관심 있었던 분야가 있었을지도 궁금하고요.

서상덕: 사실 저는 다소 조용한 모범생이었어요. 아주 친한 친구가
항상 곁에 있는, 친한 친구들하고만 어울리는… 조용하게
열심히 공부하는 학생이요. 가장 좋아했던 과목은 과학이
었는데 어릴 때부터 초자연적인 것에 대한 관심이 많아서
그랬던 것 같아요.

명지연: 그럼 본격적으로 성인이 된 대학 시절에는 지금의 모습을
상상하셨나요? 그때 '어떤 어른'이 되겠다는 꿈이 있으셨을
지도 궁금해요.

서상덕: 학창 시절에도 늘 친한 친구들이 있었고, 그들과의 관계가

중요했던 저는 대학 시절에도 비슷한 생각을 했어요. 제 주변에 있는 친한 사람들에게만 인정받는 사람이 되면 좋겠다고요. 다만 좀 달라진 게 있다면 내게 능력이 좀 더 있으면 좋겠다고 생각하기 시작했고요.

명지연: 그건 왜요?

서상덕: 카이스트 전기및전자공학과 입학해서 봤더니, 엔지니어링 잘하는 친구들이 너무 많아서 저와 비교가 되더라고요. 그때부터 '내가 진짜 뭐 해야 하지?' 하는 생각을 깊게 했던 것 같아요. 자기 앞가림은 하는 어른이 되고 싶다고 생각했어요. 그러려면 제가 가진 능력이 있어야겠다고 생각했고요. 다만, 사실 제 성향이 MBTI로 말하면 극 'I(내향인)'라서 주목받는 것을 별로 좋아하지 않고… 친한 사람들에게만 인정받는 사람이 되면 만족스럽겠다고 생각했죠.

명지연: 대표님다운 발언이십니다.

서상덕: 저는 그래서 카이스트 간 걸 한 20년 정도는 후회했으나….

명지연: 하하, 그래도 학창 시절 가장 좋아했던 과목도 과학이고, 그 관심에 걸맞게 YTN에서 방영한 '과학인 인물'에도 출연하셨잖아요!

서상덕: (손사래를 치며) 저도 제가 학창 시절에 수학, 과학 과목의 점수가 좋아서 잘할 줄 알고 카이스트를 간 건데요, 지금 생각해보면 아주 수동적인 선택이었던 거죠. 대학에 가보니 이 분야를 깊이 공부하는 것 자체가 별로 재미가 없더라고요. 오히려 전공 공부보다 교양 과목이 너무 재밌었어요. 그때 알았어요. '아, 내 길은 문과였던가? 나는 수학과 과학을 그다지 좋아하는 게 아니었구나' 하고요. 그래서 카이스트 입학을 후회하며 '이제부터 나 진짜 어떻게 살아야 하지'라는 고민의 시간을 아주 길게 가졌습니다. 그 시간은 정말 하고 싶은 일을 찾는 데까지 상당히 우회했던 기간이라고 생각이 드는데요, 다만 한 가지 그때와 지금 생각이 달라진 점은, 창업을 하고 경영을 하면서 그때 '우회한 길'에서 쌓인 동문과의 네트워크, 그들과의 관계와 경험이 진하다 보니 예상치 못하게 사업상 도움받을 일이 많더라고요. 특히 에스투더블유는 기술에 대한 이해를 기반으로 경영을 해야 하는 기술 회사이기도 해서요. 그래서 지금은 '경영 트랙을 빨리 탄 것보다 에둘러 탄 게 오히려 좋은데?' 하고 생각합니다. 이런 경험이 어떤 생각으로 이어졌느냐 하면, 뭐든

당시에 무조건 최선의 선택을 할 필요는 없다는 생각. 그 한 번의 선택만으로 인생이 결코 결정되진 않는다고 생각 해요.

그의 답변을 듣고 나는 잠시 그에게 한 질문을 나 스스로에게 하는 장면을 상상했다.

"대학 시절에 지금의 모습을 상상했나요? 그때 '어떤 어른'이 되겠 다는 꿈이 있었는지 궁금합니다."

지금은 사회생활 11년 차 겸업 작가로 글을 쓰며 살고 있지만, 첫 직 장에서 마케터로서 콘텐츠 에디팅과 카피라이팅을 하고 에스투더블 유에서 언론 홍보를 위한 보도자료를 작성할 때만 하더라도 내가 에 둘러 가는 '디투어(detour)' 시기를 거치고 있다는 확신은 없었다.

직업 세계에서 만난 글쓰기는 대체로 '하겠다'고 선택한 일이라기보 다 조직의 필요 때문에 '어느새 맡아서' 하고 있던 일에 가까웠으니 까. 시간이 흘러 지금이 되어보니 그 세계에서 경험한 글쓰기가 나의 문학적 취향을 만들어 지금의 내가 됐다.

인터뷰를 진행하며 내가 발견한 아름다움의 정의는 '자기다운 것' 이다. 그 자기다움을 발견하는 대상에는 어떤 제한도 없지 않을까?

어린아이의 말에서도, 동네 이웃 어른의 태도에서도, 다른 국적을 가진 친구의 문화 안에서도. 그리고 에스투더블유 같은 조직의 구성원들까지.

내가 가는 길에 대한 확신이 없던 지난 10여 년의 시간 동안에는 '직장인'과 '작가'라는 두 가지 명함을 품고 사는 일에 어떤 조급함이 있었다. 이도 저도 아닌, 제대로 된 '하나'를 갖지 못하는 이가 되는 것 같아서. 아마 문예창작과에서 정식으로 시, 소설, 수필 쓰기 등을 배운 작가들에 대한 열등의식이 내 마음 깊은 곳에 깔려 있었던 것 같다.

그런데 지금은 이 길이 가장 나다운 길이라는 생각이 든다. 그래서 서상덕 대표의 "경영 트랙을 빨리 탄 것보다 에둘러 탄 게 오히려 좋은데?"라는 말에 크게 고개를 끄덕일 수 있었다. 지난 시간 느껴온 내 감각들이 지금의 나를 만드는 데 모두 도움이 됐다고. 나는 서 대표의 말을 빌려 다시 한번 주문처럼 되뇔 수 있었다.

'당시에 무조건 최선의 선택을 할 필요는 없다. 그 한 번의 선택만으로 인생이 결코 결정되진 않는다.'

세상에 없으면 안 될 기술을 연구한다는 것

사업을 시작하고 책임진다는 것은 엄청나게 무거운 일일 것이다. 앞서 이승현 수석의 인터뷰에 이어, 이번에는 서상덕 대표가 창업을 하게 된 속마음을 들어봤다.

명지연: 어떤 마음으로 에스투더블유를 창업하게 되셨는지도 궁금해요.

서상덕: 2018년에 윤창훈 상무, 김연근 이사, 그리고 앞서 인터뷰하신 이승현 수석, 세 친구를 만나 사업을 시작해보겠다고 생각했을 때의 마음은 '나보다 더 훌륭한 사람들과 일하는 것이 좋다'였어요. 능력과 인성이 훌륭한 친구들하고 사업을 한다는 것 자체에 가슴이 뛰었습니다. 그 당시에도 사업 아이템 자체는 너무 생소해서, 이 아이템으로 사업에 성공하겠다는 확신이 있어서는 아니었고요. 세 친구와 저를 이어준 신승원 교수와 그 제자들을 봤을 때 굉장히 똑똑하고 훌륭해 보였어요. 그래서 '다크웹'이라는 아이템 자체보다 '그들'을 보고 이 사업은 경쟁력이 있다고 생각했습니다. 팀

이 꾸려졌을 때, 기술적인 것들은 그들이 알아서 잘할 것이라고 여겼고, 그 외의 사업적인 것들을 내가 잘 책임져야겠다고 생각했고요.

명지연: 언젠가 마케팅팀 동료들과 사업을 시작할 때 가장 중요한 게 무엇인 것 같냐는 토론을 한 적이 있어요. 그때 팀에서 나왔던 두 가지 키워드가 '사람'과 '전문성'이었는데, 에스투더블유의 창업팀 이야기도 꼭 그런 것 같네요. 다크웹 빅데이터 분석에 기술력이 있었던 세 사람과 기술 경영에 전문성이 있는 대표님이 만나 서로 자극받으며 즐겁게 일할 수 있는 팀이 꾸려진 것 같은.

서상덕: 맞아요. 신기하게도 이런 결정을 확실하게 할 수 있었던 또 하나의 이유는 제가 소수의 좋은 사람들과 목표한 결과를 만들어냈던 경험이 뿌리 깊게 있었기 때문인 것 같아요. 창업 이전에 BCG(보스턴컨설팅그룹), 티맥스소프트(TmaxSoft) 같은 회사에서 일했던 경험이 있는데, 그때 공통적으로 소수의 팀과 일했던 좋은 경험이 있었어요. 그래서 결정할 수 있었습니다. 에스투더블유의 창업을.

이 모든 창업 스토리에서 또 한 분의 이야기를 빼놓을 수 없다. 바로 서상덕 대표가 2022년에 영입한 박근태 최고기술책임자(이하 CTO)다.

명지연: 오늘 인터뷰에는 특별히 대표님과 함께 CTO님을 모셨어요. 한창 대표님께서 에스투더블유를 창업하셨을 당시 마음가짐을 여쭤보고 있었는데, 함께 회사를 운영하고 계시는 CTO님은 어떻게 에스투더블유에 합류하게 되셨는지도 궁금합니다.

박근태: 저는 회사를 '운영'한다고 하기엔 여전히 좀 머쓱한데… 제 역할은 대표님이 '좋은 결정'을 하실 수 있도록 '조율'하는 사람에 더 가깝다고 볼 수 있겠습니다.

명지연: 에스투더블유가 '딥테크 기술 기업'으로 알려졌을 만큼 기술에 대한 최종 의사결정이야말로 회사를 운영하는 가장 어려운 결정일 것 같은데요?

박근태: 아, 그런가요? 저는 그저… 스타트업의 리더들은 각자 나름의 주관과 전문성을 가지고 회사에 기여를 하고 있기 때문에 많은 돌발 이슈에 즉각 대처할 수 있다는 장점도 있지

만, 동시에 각자의 강한 주관 때문에 회사를 하나의 목적과 방향으로 끌고 가는 데 어려움이 있을 수 있다고 생각하거든요. 그런 의미에서 제 역할은 내적으로 기술 리더들의 의견을 조율하고 외적으로는 대표님이 흔들림 없이 '좋은 결정'을 하실 수 있도록 보조하는 것이라고 믿는 거죠.

명지연: 굉장히 현명하신 말씀 같아요. 저는 회사 생활에서 난도가 높은 역량 중 하나가 커뮤니케이션이라고 생각하거든요. 이때 커뮤니케이션의 의미는 '나의 사고를 전달하는 일'이라기보다 '나의 생각만큼 타인의 의도를 이해하며 조율하는 일'이라고 생각해서요. CTO님은 에스투더블유에 어떻게 입사하게 되신 건가요?

박근태: 저는 2022년 8월에 합류하게 됐는데요, 이전 직장으로 통신 분야 대기업에 오래 다녔는데, 합류 직전 약 2년 정도는 일에서 의미를 크게 느끼지 못할 때였어요. 그때 서 대표님을 만났는데 "세상에 도움을 주는 일을 하자"라는 말에 큰 매력을 느껴 입사하게 됐습니다. 저와 서 대표님은 카이스트 동문으로 알고 지내던 관계였고요. 대표님께서 당시 에스투더블유에 CTO 역할이 필요하다고 생각한 이유를 설

명해주셨는데, 창업 멤버 모두 훌륭한 인성과 실력을 갖춘
분들이지만 아직 사회생활 경험은 적어서, 대표님과 함께
기술적인 의사결정을 같이 하면서 그들에게 멘토가 되어줄
수 있는 사람이 필요하다고요. 그래서 믿을 만한 시니어를
찾으셨다고요.

명지연: CTO님이 딱 적임자이셨겠어요! 게다가 우리 회사의 코어
기술을 다루는 창업 멤버들은 주로 보안 필드에서 시작한
반면, CTO님은 AI 필드에 전문성이 있으니 현재의 에스투
더블유 정체성에 꼭 맞는 균형감각이 갖춰진 느낌이고요.

박근태: 그렇게 봐주셔서 감사합니다.

박근태 CTO는 SK 텔레콤에서 AI 비서 '에이닷(A.)' 개발팀 리더를
맡았었다. 이후 에스투더블유에 합류해 보안과 정확성을 함께 겸비한
생성형 AI 플랫폼 'SAIP' 개발과 관련한 여러 의사결정에 참여했다.

박근태: 에스투더블유는 제가 다닌 다섯 번째 회사인데요, 저는 우
리가 '기술로 문제를 해결하는 기업'이라는 정체성이 참 좋
습니다.

명지연: 앞서 여러 기술자분을 인터뷰했는데 모두 동일한 답변을 하셨어요. 마치 인터뷰 답안지를 교환하기라도 한 듯 똑같은 말씀을 하셔서 신기하네요.

박근태: 그런가요? 저는 에스투더블유의 기술을 총괄하는 사람으로서 우리 회사의 지향점은 여기에 있다고 생각하거든요. 누구나 할 수 있는 일보다는 정말 어려운, 쉽게 풀리지 않는 문제를 해결할 수 있는 기술을 개발하는 것. 에스투더블유가 없으면 세상의 진도가 느려질 만한 기술을 연구하는 것이요. 그 결과물이 학계의 논문 수준이 아니라, 실제 고객에게 딜리버리되어 널리 쓰이게 하는 것까지라면 좋겠습니다.

나 또한 처음 입사한 후 팀에서 함께 카피라이팅했던 에스투더블유의 미션 슬로건이 "세상의 문제를 기술로 이롭게"였다. 이후 신규 채용 면접에 들어갈 때마다 지원자들은 "왜 이 회사에 입사 지원을 하셨어요?"라고 묻는 질문에 "기업 미션이 너무 좋아서요", "저도 기술로 이로운 세상을 만드는 데 동참하고 싶어서요"라고 답하곤 했다.

현재 에스투더블유의 기업 미션은 '기술'에서 한 단계 더 나아가 미래의 '데이터' 사회를 이끄는 기업이 되겠다는 포부를 담아 "세상을 위한 기술, 내일을 위한 데이터"라는 슬로건으로 변경됐다. 그 과정의 중심에 있는 분이 서상덕 대표를 옆에서 든든하게 지키는 조력자 박근태 CTO일 것이다.

그들이 꿈꾸는 조직강화 철학

마지막으로 서상덕 대표와 박근태 CTO가 생각하는 에스투더블유의 기업 정체성에 대해 물었다. 이 질문에 대한 답변은 그들이 꿈꾸는 조직강화 철학이자 조직문화의 핵심일 것이다.

명지연: 그럼 이제 두 분께 가장 궁금한 마지막 질문으로 넘어가볼게요. 에스투더블유에는 어떤 사람들이 모여 있는지에 대한 이야기인데요. 먼저, CTO님은 우리 회사에 어떤 분들이 모여 있다고 생각하시나요? 이 질문에 대한 답변이 곧 회사의 정체성이라고 생각해서 여쭤봅니다.

박근태: 음… 저는 '시민사회의 건전한 정신을 가진 구성원들'이 모

인 곳이라고 생각합니다.

명지연: 어떤 뜻이죠?

박근태: '시대 발전과 바람직한 사회상에 깊이 부합하는 사람들'이 모인 회사라고 생각하고, 동시에 조금 더 깊이 생각해보면 '바람직한 시대 발전을 추구하는 이들 중 개인과 회사의 성장을 함께 지향하는 사람들'이라고도 정의할 수 있을 것 같아요. 그러니까… 개인의 희생을 강요받지 않고, 개인과 조직의 건강한 균형을 이루고 싶은 이들이 우리 회사 구성원들의 정체성인 것 같습니다.

명지연: 공감이 많이 가는 말씀이네요. 실제로 에스투더블유는 개인과 조직 중 어느 한쪽을 포기하도록 강요하지 않기도 하고요. 이 부분에 대해 대표님 생각은 어떠실까요?

서상덕: 저도 동의하는데요. 제 언어로는 '내가 더 잘해서 팀에 기여하고 싶고, 팀에 누가 되지 않겠다고 생각하는 사람들'이 모여 있는 것 같습니다. 물론 개인적인 일의 퍼포먼스도 중요하지만 그것보다 '적어도 내가 속한 팀에 누가 되지 않고 싶다'는 것이 업무의 동기인 사람들이요. 그 말은 곧 '책임감'의 동기가 나 자신만이 아닌 타인과 공동체라는 뜻이거

든요. 결국 이들은 이타심이 있고 성실한 사람들이라는 증거일 겁니다.

명지연: 와… 네, 제가 느끼는 에스투더블유의 문화라서 저도 더 덧붙일 만한 의견이 없네요. 그런데 보통 스타트업에서는 회사의 수익성이나 인지도를 위해 스타플레이어의 존재나 역할을 강조하기도 하잖아요. 이 부분에 대한 대표님의 생각은 어떠세요?

서상덕: 글쎄요, 저는 여전히 책임감의 발로가 '나'보다 '우리'인 사람들이 더 좋아요. 그리고 그게 우리 회사 문화에 잘 어울린다고 생각합니다. 내가 어떤 일을 책임지는 이유가 "내가 빛나고 싶다"보다 "우리 팀에 기여하고 싶다"라는 마인드를 가진 분들이요. 스타플레이어의 존재나 역할이 회사 전체의 수익을 더 낼 수 있는지 여부는 정해져 있다고 생각하진 않고요. 스타플레이어가 있을 때 잘될 수도 있고 그렇지 않을 수도 있는. 다만 우리 회사는 "이런 방식으로 해보고 싶다"를 정의할 때 한두 명의 스타플레이어가 이끌어갈 수 있는 회사가 아니고 그걸 원하지도 않는다는 거죠. 다만 앞서 말씀드린 책임감이 강한 분들이 조직적으로 연대해서 얻을

수 있는 강점을 최대한 끌어내고 싶다는 게 제가 가진 경영 이념인 것 같습니다.

명지연: 아, 이해했습니다.

서상덕: 또 이 방식은 회사의 수익 측면에서만 봐도 긍정적인데요. 우리나라는 제도적으로 고용 유연성이 있는 국가는 아니기 때문에 조직이 커지면서 '누구를 뽑아도 안정적으로 함께 가려면' 이렇게 조직적으로 연대하는 문화가 더 필수적이라고도 생각하고요.

명지연: 두 분 말씀을 들으니 에스투더블유의 조직문화가 더욱 깊이 이해됩니다. 지금 말씀 중에도 공통적으로 많이 등장한 키워드가 '책임'인데요. 에스투더블유는 구성원들에게 대단히 높은 일의 '자유도', 그리고 이를 뒷받침하는 '책임감'을 부여하는 기업이라고 생각합니다. 그러니까 대단히 큰 '자유'를 부여하고 그 자율성 안에서 큰 '책임'을 이끌어내는 특이하고 특별한 문화를 가지고 있다고 생각해요. 이 문화에 대한 두 분의 생각은 어떠신지, 그리고 이런 책임감은 어떻게 최대로 발휘될 수 있다고 생각하시는지도 궁금합니다.

서상덕: 저는 이 문화를 다른 말로 하면 '자유의 자격을 누릴 만한

사람들은 남기고 그렇지 않은 사람들은 자연스럽게 이탈하는 문화'라고 정의해볼 수 있을 것 같아요. 지금까지 어느 정도 이런 문화가 우리 안에 정착됐다는 점에서 성공했다고 이야기할 만한 것 같고요. 그래도 아직 모두 더 책임감 있게 성장하는 데는 시간이 필요할 것 같습니다. 이런 성장에는 약간의 고통이 동반될 거라고 예상하고요. 리더로서 이 고통스러운 과정을 임직원들이 무사히 겪어낼 수 있도록 이끄는 방안에 대해서는 계속 고민하고 있습니다. '개개인을 뛰어넘는 의지'처럼 우리 조직이 가진 어떤 힘이 있지 않을까 하고요. 그리고 저는 책임감을 이끌어내는 것이 자유도라고 생각해요. 그래서 책임감이 있는 사람들이 모였을 때는 상위 레벨의 목표와 마감 일정만 있는 게 가장 좋다고 생각합니다.

명지연: CTO님 생각도 궁금한데요.

박근태: 저도 비슷한 의견인데요. '자유'는 산출물의 긍정적 측면을 극대화하기 위한 '필수 요소'라고 생각해요. 특히 우리 분야는 생산성이나 자기 몰입도에 따라서 달성할 수 있는 결과의 역치가 다르기 때문에, '자유'라는 문화가 굉장히 중요하

다고 보는 거죠. 그렇기에 '자율적으로 스스로 고민하는 문화'는 옵션이 아니라 필수적이라고 생각합니다. 다만 이 문화는 신입사원 입장에서 완벽하게 이해하고 누리기에는 쉽지 않을 수 있을 것 같긴 합니다. 그리고 '책임'은 그 자유의 결과물이 회사의 성장 및 고객 만족도에 부합하기 위해 함께 필요한 문화라고 생각해요. 그러니까 자유와 책임은 뗄 수 없는 관계인 거죠. 큰 책임을 이끌어내기 위해선 자기 몰입이 가능하도록 스스로 고민할 수 있는 시간을 주는 자유가 필요한 거고. 그리고 조금 더 개인적인 이야기를 할 수 있다면 저 자신이 인생에서 가장 중요하게 생각하는 것이기도 해요. '책임질 수 있는 일을 하고 한 일에 대해서는 책임을 지는 것'이요. 가치 있는 인간으로 살고 싶은데, 그러려면 책임질 수 있는 일을 해야 한다는 생각 때문에 그렇습니다.

크고 작은 질문들이 오가며 마음이 풍선처럼 부풀어 올랐다. 처음 에스투더블유라는 회사를 선택했을 때의 기분, 일을 하며 4년 여의 시간 동안 마주한 나와 비슷한 동료들, 내가 따르고 존경했던 나의 리더들이 이런 사람됨과 생각을 가진 사람들이라는 게 벅차서.

카카오와 네이버 같은 국내 빅테크 기업들이 약 20년 전 세계경제 포럼의 '세계 100대 기술 선도 기업'에 오르고 오늘날 대한민국을 대표하는 IT 기업으로 거듭난 것처럼, 앞으로 20년 후 에스투더블유의 모습을 더 크고 깊게 상상하게 됐다.

명지연: 마지막으로 하고 싶은 말씀이 있다면 전해주세요. 앞으로의 목표나 다짐 모두 좋습니다.

서상덕: 저는 에스투더블유를 경영하면서 '선량하고 똑똑한 후배들이 이 회사를 통해 성장하고 성공하는 것'을 목표로 생각하고 있어요.

박근태: 저도 동의합니다. 예를 들어 신규 개발자를 채용할 때 기술과 능력도 보지만 태도와 자세도 보는 것처럼, 에스투더블유가 가진 일의 능력과 태도가 기업과 사회에 경쟁력 있으면 좋겠다고 생각해요.

서상덕: 문득 "내가 어떤 회사를 부러워하고 있나?" 고민해보면 단순히 '돈을 잘 버는 회사', 그러니까 그 회사의 수익성이 부럽다기보다 '돈도 잘 버는데 그들만의 고유한 문화가 있는 회사'가 부러운 것 같거든요. 이런 마음을 CHRO인 이기욱

상무와 이야기하다 보면 결국 '좋은 아이템'을 만드는 게 내 일이 아니라, 좋은 아이템을 고를 수 있는 '문화'를 만드는 게 내 일이구나 하고 생각하게 됩니다.

네이버 최연소 임원과 카카오 공동대표를 거쳐 현재 제이오에이치(JOH)를 이끄는 조수용 대표의 《일의 감각》이라는 책에 이런 문장이 있다.

선량한 사람과 긍정적인 분위기에서 일해본 사람은 그런 마인드로 사회생활을 시작합니다. 저는 첫 회사로 작은 조직, 존경할 만한 오너를 가깝게 접할 수 있는 조직을 추천합니다.

에스투더블유는 2025년 9월에 스타트업에서 상장기업이 됐다. 이제 '스타트업'이라고 정의하기엔 다양한 이해관계자와 여러 주주가 있는 몸집이 큰 기업이 된 것이다. 그렇지만 동시에 에스투더블유는 여전히 작은 조직이다. 100명이 조금 넘는 선량한 동료들이 긍정적인 분위기에서 협업하는 곳.

앞으로 3년, 6년, 12년…. 에스투더블유에 다닌다고 해서 갑자기

회사의 기업가치가 기하급수적으로 올라가거나 임직원 개개인이 부
자가 되는 일은 드물 수도 있다. 그러나 자신 있게 보장할 수 있는 한
가지는 이 회사가 보여준 '스스로 문화'에서 일해본 사람은 이 마인드
로 사회생활을 시작할 수 있을 것이란 것.

 스타트 위드 왓 Start with What

'`AI와
보안 소프트웨어'를

다크버트, 본질에 충실한 AI 언어모델 훈련

"에스투더블유, 2025 '대한민국 AI 50' 기업으로 선정: 엔터프라이즈 부문 기업 맞춤 생성형 AI 솔루션."

2025년 상반기 '포브스코리아'가 발표한 '대한민국 AI 50' 기업에 에스투더블유가 이름을 올렸다. 기사에선 에스투더블유를 이렇게 소개했다.

에스투더블유는 사이버보안과 데이터 인텔리전스 분야에서 두각을 드러내고 있는 빅데이터 분석 AI 기업이다. 카이스트의 내부 네트워크 보안 연구소에서 시작했다. 멀티도메인 교차분석 기술을 활용해 사용자 맞춤형 데이터 운용 플랫폼을 제공하며, 세계 최초 다크웹 도메인 특화 언어모델 '다크버트', 산업 특화 생성형 AI 플랫폼 'SAIP', 공공 및 정부 기관용 안보 빅데이터 플랫폼 '자비스'를 보유하고 있다. 세계경제포럼이 선정한 '2023년 100대 기술 선도 기업'에 이름을 올리며 역량을 인정받았고, 특히 올 하반기 기업공개(IPO)를 앞두고 있어 기대를 모은다.

대한민국을 대표하는 50개 인공지능 기업 중 에스투더블유가 소개될 수 있었던 것은 AI로 난해하고 다양한 빅데이터를 다룰 수 있는 '멀티도메인 교차분석' 기술을 보유한 것이 첫 번째 이유이고, 그중에서도 까다롭다고 소문난 다크웹 데이터를 다루며 이를 이해할 수 있는 AI 언어모델 '다크버트'를 만든 것이 두 번째 이유가 아닐까 싶다.

물론 이 밖에도 에스투더블유는 다수의 해외 특허와 글로벌 학회 논문을 보유하고 있으며, 이를 통해 데이터 처리 및 분석 기술의 우수성을 공인받았다. 또한 언어모델과 데이터 교차분석 기술이 특별히 주목받긴 했지만, 사실상 AI 언어모델의 정확성은 데이터의 '전처리'에서부터 나오므로 전처리, 언어모델, 데이터 교차분석 기술을 두루 인정받은 기업이라고 볼 수 있다.

에스투더블유의 AI팀은 민관을 아우르는 확장성 높은 AI 기술을 바탕으로 제품을 고도화하는 팀이다. AI팀은 이를 중심으로 '도메인 특화 AI 언어모델'을 지속적으로 연구 및 개발하고 있다. 최근에는 수년간 축적해온 자연어처리 기술 노하우와 비정형 데이터 처리 역량을 다양한 산업과 공공 부문으로 확대 적용하는 데 주력하고 있으며, 그 대표적인 예가 현대제철과 롯데멤버스를 고객사로 확보한 성과다.

도메인 특화 AI 언어모델이란 연구하고자 하는 도메인에 특화된 AI 언어모델을 말한다. 마치 다크버트가 다크웹 도메인에 특화된 다크웹 언어를 이해하는 언어모델이듯이, 현재 에스투더블유는 현대제철, 롯데멤버스 등 다양한 산업 부문의 데이터를 학습하고 이에 적합한 언어모델을 개발하고 있다.

앞서 정진우 이사의 인터뷰를 통해 다크버트의 탄생과 정의에 대한 개괄적인 흐름을 살펴봤다. 그러나 설명이 다소 간략했기에 실제 AI 필드의 전공자들 또한 흥미를 느낄 수 있도록 좀 더 구체적으로 이야기해보려고 한다. 에스투더블유가 자체 개발한 AI 언어모델인 다크버트가 어떻게 자연어처리 분야의 세계 정상급 학회로 꼽히는 ACL에서 채택되어 주목받을 수 있었는지 들여다보자.

다크버트는 '로버타(RoBERTa)' 모델을 기반으로 다크웹에서 수집된 텍스트를 더 고차원적인 문맥으로 이해할 수 있도록 'MLM(Masked Language Modeling)'으로 훈련한 모델이다. MLM은 쉽게 말해 텍스트 내에서 일부 토큰(token/단어)을 마스킹, 즉 임의로 가려두고 남아 있는 문맥을 바탕으로 해당 토큰을 예측하는 자연어처리 기법이다. 정진우 이사의 설명대로 다크버트의 '버트(BERT)'는 구글이 공개한 AI 언어모델로 '트랜스포머 기반 양방향 인코더 표현(Bidirectional Encoder Representations from Transformers)'의 약어다. 트랜스포머는 구글이 개발한 인공지능 언어모델을 통칭하는 용어다. 즉, 버트는 구글의 기존 트랜스포머 아키텍처를 기반으로 텍스트의 앞뒤 문맥을 모두 고려해 언어의 의미를 학습하는 사전 훈련용 언어모델이다. 버트의 장점은 범용적으로 언어를 이해하는 모델을 훈련할 때 매우 우수한 성능을 발휘한다는 점이다. 그리고 '로버타'란 기존 버트 모델의 구조는 그대로 유지하면서 성능을 더 높인 모델이다. 버트의 업그레이드 모델이라고 이해하면 된다.

에스투더블유의 다크버트는 버트보다 더 많은 데이터를 더 오랜 시간 동안 정교하게 학습했다. 빅테크 기업에 의해 잘 구축된 AI 엔진의 기준을 '학습 데이터의 양'과 '데이터 처리 기술'이라고 했을 때, 비정형 데이터가 주를 이루는 방대한 양의 다크웹 데이터를 로버타 모델에 기반을 두고 MLM 훈련을 추가함으로써 그 기술력을 세계적으로 인정받은 것이다.

다크버트 훈련에서 가장 큰 도전 과제는 '코퍼스(corpus/말뭉치)' 수집이었는데, 에스투더블유는 훈련에 적합한 대규모의 다크웹 텍스트 코퍼스를 축적했다. 코퍼스의 품질은 중복되거나 정보 밀도가 낮은 페이지를 필터링(제거)하는 방식으로 개선했다. 필터링을 하고도 5.20GB라는 상당한 크기의 코퍼스를 확보했다. 이는 에스투더블유가 다크웹 분석 기업으로 시작해 창업 초기부터 오랜 시간 다크웹을 연구해온 전문성으로 피싱, 해킹, 마약 등 다양한 어두운 영역의 인사이트를 발굴하고 확보할 수 있었음을 의미한다.

코퍼스의 품질을 개선하는 동시에 상당한 크기의 코퍼스를 확보하는 과정이 도전적이었던 이유는, 코퍼스를 필터링하는 것 자체가 난도가 높은 작업이기 때문이다. 에스투더블유는 다크웹 도메인 페이지 중 정보가 충분치 않은 페이지는 필터링하고 피싱 및 해킹 등 각 콘텐츠 카테고리별로 균형을 맞췄다. 그런 뒤 중복된 다크웹 페이지도 필터링해 코퍼스를 더욱 정교하게 다듬었다. 그 결과 최종적으로 5.83GB의 비처리 코퍼스와 5.20GB의 처리 코퍼스를 확보했다.

참고로 다크버트 언어모델 훈련 기간은 보름이었다. 모두 8개의 엔비디아(NVIDIA) 'A100 GPU'로 15일 동안 훈련했다.

다크버트 VS. 챗GPT

이 모든 것이 기술 연구에만 집중할 수 있는 에스투더블유의 조직 문화 덕분이었다. 다크버트가 ACL에서 채택된 이후 회사 공식 이메일로 다양한 러브콜이 들어왔다. 여러 국가에서 '다크버트와 AI'를 주제로 한 콘퍼런스에 참석해달라고 요청했다. 다크웹 언어모델 사용 방법 안내와 시연을 해달라는 것이었다. 이에 AI팀 정진우 이사를 비롯한 기술 리더들이 함께 해외 콘퍼런스에 발표자로 참석했다. 이때 발표한 다크버트의 '네 가지 사용 방법' 소개와 '챗GPT 모델과의 차이점'을 간략하게 설명하면 이렇다.

다크버트는 크게 네 가지로 그 사용 방법을 공유할 수 있는데, 첫 번째는 '다크웹 페이지 분류'다. 다크웹 페이지는 사이버 범죄와 관련

된 콘텐츠로 가득하다. 페이지를 콘텐츠에 따라 자동으로 분류하는 일은 시의적절한 다크웹 정보를 수집하는 데 매우 중요하다. 다크버트는 포르노그래피나 해킹 등의 주제로 웹페이지 콘텐츠를 분류하는 '다크웹 페이지 분류 작업'에 최첨단 성능을 갖추고 있다.

두 번째는 '랜섬웨어(ransomware) 유출 사이트 탐지'다. 랜섬웨어란 '몸값'이라는 뜻의 '랜섬(ransom)'과 '소프트웨어(software)'의 합성어로, 거액의 돈을 지불할 때까지 피해자의 데이터를 암호화해 마비시키는 악성 소프트웨어의 한 종류다. 랜섬웨어를 운용하는 해커 등 범죄자들은 종종 몸값을 보내오지 않는 피해 기업의 기밀 데이터를 게시하려고 '유출 사이트'를 둔다. 이런 웹사이트를 신속하게 찾는 작업은 고위험 랜섬웨어 그룹에 대한 정보를 수집하는 데 매우 중요하다. 다크버트는 이를 자동으로 탐지하는 작업에서 차별화된 성능을 보여준다.

세 번째는 '주목할 만한 스레드(thread) 탐지'다. 실마리를 찾을 수 있다. 보통 다크웹에는 '포럼(forum)'이라는 공간이 있는데, 일반적으로 우리가 알고 있는 포럼처럼 어떤 주제로든 다크웹 유저들이 콘텐츠를 게시하고 의견을 나누는 온라인상의 공간이다. 이 포럼에서 유저들이 불법 활동과 관련한 정보를 공유하고 판매한다. 그런데 콘텐츠 주제에는 제한이 없어서 기존 언어모델이 이를 이해하기란 어렵다. 다크버트는 기업 및 정부 기관의 기밀이나 악성 해킹 도구를 판매 또는 공유하는 게시물 같은 주목할 만한 스레드를 필터링해서 보여준다.

네 번째는 '위협 키워드 추론'이다. 다크웹에서는 평소에 익숙한 용어라도 완전히 다른 의미로 사용될 수 있다. 다크버트는 앞서 잠깐 설명한 '테슬라' 사례처럼, 범죄자들이 사용하는 은어와 그들만의 노골적인 언어를 이해하도록 훈련되어 다크웹 맥락에서의 용어 사용을 이해하도록 해준다.

일반적으로 AI 모델을 생각할 때 가장 먼저 떠오르는 챗GPT와 달리 다크버트는 사이버 범죄 분야에서 효과적으로 작동하도록 특별히 훈련된 특수 목적 AI 언어모델이다. 목적이 다르기에 챗GPT처럼 무엇이든 물어보면 대답하는 스타일의 모델이 아니다. 사이버 범죄 분야에서 수년간 경험을 쌓은 전문 분석가들의 답변과 같이 안보 및 보안 관련 고객사에 인텔리전스를 제공하는 데 독보적인 성능을 발휘한다. 다크버트의 혁신성이 세계적으로 높은 평가를 받은 후 에스투더블유는 이 언어모델을 기반으로 다양한 애플리케이션 개발을 시작했다. 필요하다면 다크웹이 아닌 다른 학습 데이터로도 언어모델의 생성과 상용화가 가능한 기술을 이미 보유하고 있다.

다크버트 논문은 다음 웹사이트 링크에서 열람할 수 있다.

https://arxiv.org/abs/2305.08596

탈론, 국가와 기업의 안보 경쟁력

에스투더블유의 분석가 조직 탈론에는 세계 수준의 사이버 위협 분석 역량을 갖춘 전문가들이 모여 있다. 탈론 산하의 각 팀에 속한 전문가들은 신속한 탐지와 깊이 있는 분석을 토대로 국가와 기업의 안보 경쟁력을 강화하는 데 이바지하고 있다.

탈론의 분석가들은 일반인이 파악하기 어려운 사이버 안보와 관련한 위협 데이터를 분석해 인텔리전스를 도출하는데, 한 예로 북한을 배후에 둔 대표적인 해킹 그룹 '김수키(Kimsuky)'가 사용하는 악성코드와 공격 수법 등에 관한 인텔리전스를 관련 기관에 제공했다. 탈론은 경찰청 등 국내 수사 기관과도 긴밀하게 협업하고 있으며, 한국인터넷진흥원(KISA)과 같은 조직에도 사이버 침해 대응을 지원한다.

탈론의 역량은 국내뿐 아니라 해외에서도 드러나는데, 연평균 5회

이상 글로벌 콘퍼런스와 화이트해커 대회 등에 초청받아 참여한다. 2025년 5월에는 북대서양조약기구(NATO) 주관 세계 최대 사이버 방어 훈련인 '락드쉴즈(Locked Shields) 2025'에 참가해 고난도의 안보 문제를 해결함으로써 다시 한번 존재감을 드러냈다.

그렇지만 탈론의 분석가들이 무엇보다 깊게 관여하는 일은 에스투더블유 고객사와 관련된 보안 사안이다. 탈론은 소프트웨어의 취약점을 상시 모니터링해 잠재적 보안 위협을 사전에 파악하고 이를 해결할 수 있는 가이드 보고서를 제공한다. 충실한 책임감으로 조직의 보안 사고를 예방하는 것은 물론, 불가피하게 사고가 터졌을 땐 누구보다 발 빠르게 대응한다. 매일매일 높은 업무 강도에도 불구하고 끝까지 책임지고 문제를 해결하고자 애쓴다.

그렇다 보니 에스투더블유에 찾아오는 고객사들은 늘 탈론의 분석가들에게 고맙다는 인사를 전한다. 진정성을 가지고 우리 문제를 해결해줘서 감사하다고 말이다. 우리가 마주한 위협으로부터 안전할 수 있게 도와줘서 너무나도 고맙다고.

서상덕 CEO 칼럼

스타트업에서 일하고 싶은 청년들에게

이 시대를 살아가는 청년들에게 제 조언이 별로 도움이 될 거라 생각하진 않는데, 그 이유는 요즘 청년들이 어른들보다 더 논리적이고 더 공정하고 더 인내심이 있다고 생각하기 때문입니다. 현재 우리 청년들은 부모 세대보다 더 좋은 교육을 받고 더 사랑받으며 자랐고, 그렇다고 고생은 덜 했느냐 하면 그 점에서는 물질적으로는 그럴 수 있으나 정서적으로는 너무나 어렵고, 답답하고, 비교당하는, 그런 암울

한 시대를 살아내고 있습니다.

그런 면에서 어련히 알아서 잘할 것이지만 취업을, 특히 스타트업 입사를 고민하고 있다면 도움이 될 수 있을 것 같은 이야기 두 가지만 드려봅니다.

첫째, 힘들더라도 선택지를 하나만 더 구해보면 어때요?

첫 직장이나 이직 문제는 '내가 가진 옵션이 무엇인가?'를 두고 잘 선택하는 일로 보는 것이 맞습니다. 그게 없이 공상만 하거나, 선택지 한 개를 두고 '이게 과연 좋은가?'를 고민하지 말고, 선택지를 최대한 구하세요.

대기업 취업을 시도하지 않았거나, 혹은 떨어졌는데 '나는 대기업보다 스타트업이 맞나?'라는 생각은 사실 할 필요가 없는 생각이에요. 나에게 꼭 맞는 어떤 선택지를 단 하나만 구하겠다고 생각하지 말고, 세 개의 선택지 정도는 만든 다음 그중에서 고민하겠다는 자세를 추천합니다. 그게 좀 고통스럽고 귀찮긴 하죠. 사람은 누구나 하나의 선택지가 생기면 거기서 멈추고 그걸 평가하고 싶어 합니다. 저도 그랬습니다. 누구나 다 그렇습니다.

내가 고민 없이 달려갈 선택지라면 당연히 그렇게 하면 됩니다. 그런데 뭔가 고민이 되는 상황이라면 선택지를 더 늘리는 노력을 해야 좋습니다. 저의 경우에는 주변의 멘토, 선배, 친구들에게 '여기 가는 거 어떠냐?'라고 고민 상담을 청하기보다, '여긴 일단 갈 수 있는데, 다른 곳 추천해줄 수 없느냐?'고 부탁하고 '나를 필요로 하는 곳은 어디일까?' 찾아보는 노력이 더 의미 있었습니다.

내 쓰임과 능력을 내가 잘 모르는 경우가 많아요. 특히 사회 초년생일 때는 더 그렇습니다. 내가 적극적으로 일할 곳을 구하고 추천을 원하면, 주변에서 해주는 이야기들이 좀 달라집니다. 자기 객관화에 도움이 되는 이야기들을 내 주변을 통해 듣는 것이 유용합니다. 그러기 위해서는 내가 먼저 주변에 조언을 구해야 합니다. 당사자가 원치 않는 조언은 건네기에 조심스럽거든요. 실제로 이렇게 해보면 내가 원치 않는 일들을 추천받기도 할 겁니다. 예컨대 '네 학벌로는…', '네 전공을 살리려면…', '내가 너 보니까…' 하는 이야기와 함께 '너는 ○○○을(를) 하는 게 맞지 않아?', '○○○도 괜찮다면 내가 이야기해볼 수는 있는데…' 같은 말을 듣게 될 겁니다. 아마 절반 이상은 내 마음에 들지 않는 이야기들일 겁니다.

그럼에도 그 이야기를 듣는 것은 중요합니다. 그 지점이 세상이 나를 보는 출발점이고, 내가 타협하고 극복해야 하는 언덕의 높이이며, 또 어쩌면 내가 몰랐던 나의 가치와 재능의 영역입니다. 이런 기회들을 잘 고민해보고 그런 조언을 혼자 숙고해보는 시간이 나를 더 성장시킵니다. 직업은 '돈을 받고 하는' 프로의 세계입니다. 자기계발하고 꿈을 찾아가라고 월급을 주는 일터는 지구상 어디에도 없습니다. 만일 그렇다면 그만한 일을 내가 해주고 있거나 앞으로 할 거라고 확신하는 일터겠죠.

최소 세 개의 선택지가 있는데, 그중에 스타트업이 있다면 가장 큰 장점은 내가 하기에 따라서 아주 많은 역할을 할 수 있고, 단시간에 다양한 업무적 경험을 할 수 있다는 것입니다. 그런데 스타트업의 최대 단점은 모두가 어설프고 아마추어라는 점을 감안해야 합니다. 대기업은 갑갑하고 느려 보이지만(실제로 느리지만), 프로들이 조직적으로 일하고 있습니다. 여기서는 내 역할도 분명하고 무엇을 어떻게 해야 잘하는 것인지에 대해서 피드백이 확실합니다. 그러나 스타트업은 대표부터 나까지 모두가 우왕좌왕합니다. 우리가 낸 문제를 우리가 풀고 있기 때문에 뭐가 맞는지 누가 뭘 해야 하는지 항상 오리무중이고 난장판인 곳입니다. 아이가 다른 아이를 보고 있는 유치원, 학생이 다른 학생을 가르치고 있는 학교, 그런 곳이 스타트업이라고 생각하셔도 됩니다. 선생님이 필요하고 교관이 필요하다면 더 큰 기업에서 일을 배우는 기회를 선택하세요. 그리고 어떤 선택을 하더라도 이번 선택은 1~3년짜리라고 생각하고, 너무 신중하게 생각할 필요는 없는 것 같아요. 내 인생의 방향이 회사 선택 한 번으로 결정된다고 생각할 필요는 없습니다.

정답은 없어요. 모든 선택이 정답입니다. 내가 더 끌리는 곳에 가야 더 열심히 할 수 있습니다. 단, 그게 한 개의 선택지라서 고민된다면 선택지를 더 늘리세요. 그리고 그중에 가장 끌리는 곳에 갑시다. 경력 5년 차까지는 급여보다는 '열심히 할 수 있을 것 같은' 곳에 가는 것을 추천합니다. 내가 스스로는 열심히 하기 어렵고, 특히나 모두가 우왕좌왕하는 분위기에선 뭘 해야 할지 모르는 성격이라면 좀 규모가 있는 기업에 가서 누군가 나를 '열심히 할 수밖에 없이' 압박하는 환경에 스스로를 들이미는 것이 좋을 겁니다. 소수정예의 팀에서 영업, 기획, 마케팅, 개발, 지원, HR 등 다양한 업무를 맛보고 해내면서 내 적성을 찾아가고 싶다면, 혹은 '이 팀에 속해서 한번 끝까지 달려보고 싶다!, '네 동료가 될게!' 하는 마음이 드는 순간이 있다면, 스타트업이 정답이 될 수도 있습니다.

둘째, "일은 지나가고 사람은 남는다"는 사실을 기억하면 가슴이 따뜻해지는 일들이 일어날 겁니다.

일터에서는 전쟁터 같은 상황이 종종 펼쳐집니다. 나부터 살아야 하는 상황이라고 느끼는 순간들, 인간성과 예의범절을 지키기 어려운 경우들도 생깁니다. 그래서 전우애도 생겨나고 인격자도 만나게 되지만, 정말이지 세상 끔찍한 원수 같은 이들과 대면하게 되기도 합니다. "회사를 위해서는 냉정해야 된다", "우리 팀만 당하고 있을 순 없다", "저 인간이 어떤 식으로 보고할지 알지 않냐", "돈을 받고 일하면서 저런 식으로 해서 되냐", "이렇게 가다가는 우리 애들만 다 갈려나간다" 등등.

그 순간만큼은 정말 생사가 달린 것 같은 일들이 자주 일어나고, 실제로 조직의 사활이 걸린 일들도 많고, 감정적으로 격해지거나 몸과 마음에 상처를 입고 이직하는 일도 일어나는 곳이 바로 일터입니다. 일하러 가는 것, 출근하는 것은 매일 전쟁터에 나가는 것과 비슷한 면이 있습니다. 전쟁터까지는 아니더라도, 팀 스포츠 경기에 출전하는 것 또는 단체로 사냥터에 나가서 일용할 양식을 구해와야 하는 원주민 무리 같은 그런 활동을 우리는 '사업'과 '직장'이라는 이름으로 매일 하고 있습니다. 열심히 일하고, 돈 벌고, 능력도 키우려고 다니던 직장에서, 어느 순간 전쟁 같은 감정 소모가 큰 심각한 상황을 맞이하게 됩니다. 직급이 올라갈수록 더 자주 그렇겠지만, 팀원일 때에도 이런 순간은 항상 있습니다. 우린 너무 긴 시간을 회사에서 보냅니다. '일'이 인생의 전부가 아닌데도 말이죠. 그래서 몰입할 수밖에 없고 심각한 상황이 펼쳐지면 버티다 버티다 지쳐 떨어져 나갑니다.

'일'은 지나가고 '사람'은 남는다는 걸 기억합시다. '일'이 나를 압도해서 '사람'에게 예의를 다하지 못하고 치졸하게 대하지 않도록 노력해야 합니다. 훗날 반드시 후회합니다. 내가 상사라는 이유로 또는 우리 회사가 갑의 지위라는 것을 이유로 누군가를, 누군가의 팀을, 다른 회사를 못살게 굴면 생각보다 빨리 그 결과가 나에게 되돌아온다는 걸 알게 됩니다. 반대로 전쟁통에서도 동료를 케어할 수 있고 치열한 팀 스포츠 경기에서도 스포츠맨십을 발휘할 수 있습니다. 나도 절박하고, 힘들고, 이기고 싶지만, 상대도 그러하다는 걸 이해하고 존중할 수 있습니다. 성인군자가 되기 위해서 그렇게 하라는 것이 아니라, 일터에서 '나답게 살 수 있기 위해' 그렇게 하시라고 조언을 드리는 것입니다. 이해관계가 부딪치는 순간, 너도 힘들고 나도 힘든 순간, 그 모든 순간은 우리가 서로의 인간성과 동료애를 깊이 대면할 수 있는 묘한 순간들입니다. 그때 나의 선택들이 나와 잘 맞는 사람들을 내 곁에 머물게 하고, 내가 길에서 벗어날 것 같을 때 나를 잡아주고 끌어줄 동지를 만들게 해줍니다.

이런 순간들은 큰 기업에 가면 천천히 그러나 묵직하게 겪을 가능성이 많고, 스타트업을 선택하면 아마 하루가 멀다고 매일 겪게 될 가능성도 있습니다. 나에게 주어진 선택의 순간이 많을수록, 갈등이 자주 유발되는 환경에 처해 있을수록 그러니까요. 그런 때에도 '이 일의 결과를 어떻게 내야 하는가?'라는 고민에만 너무 압도되지 말고, '이 일이 어떻게든 마무리된 후 나는 어떤 사람으로 기억되고 싶은가?'라는 질문도 꼭 함께 가져가면 좋겠습니다. '어떤 것이 나답게 일하는 것인가?'라는 좀 더 큰 질문을 하면 지금 앞에 놓인 그 숨 막히는 일이 때로는 작게 느껴지고, 평정심을 찾게 되고, 길이 보이는 경험도 하실 겁니다. 무엇보다도 일터에서의 힘든 순간들이 그저 잊고 싶은 기억이 되지 않도록 도와줄 겁니다. 그때를 함께 지나온 전우들, 치열하게 경쟁했지만 서로 존중할 수 있는 라이벌들, 힘들 때 내게 도움받았다는 기억으로 나를 도와주는 은인 같은 인연들을 만들어줄 겁니다. 부디 차갑고 치열한 일터에서 그런 따뜻함을 만나시길!

벤처를 창업하려는 이들에게

창업을 고민하고 있는 여러분은 아주 높은 확률로 결국은 창업을 하게 될 겁니다. 그리고 거의 100퍼센트 확률로 '내가 왜 창업을 했을까?' 하고 3년 이상 후회할 겁니다. 그리고 그 기간 동안에는 주변에서 창업하려는 사람들을 진심으로 말릴 겁니다. 그러고는 결국 당신에게 가장 잘 맞는 산에 오르게 될 겁니다. 10년 뒤에는 그 도전을 '잘했다'고 생각할 겁니다. 비록 그 산이 처음 오르려고 했던 저 산이 아니더라도요.

창업의 이유가 '설명하지 못할 어떤 것'이라면 저는 지지합니다. 제 기준에서 조금 다시 생각해봐야 할 '(고생길이 활짝 열릴) 피해야 하는 창업 이유' 첫 번째는 '사업 아이템이 놓치기 아까워서'입니다. 소위 '이거 정말 대박일 거 같고, 남 주기 너무 아깝고, 지금 아니면 안 될 것 같은' 아이템이 창업의 큰 이유라면 정말 고생을 많이 하실 겁니다. 안 된다는 건 아닙니다. 난도가 매우 높다는 게 이유입니다.

창업을 하기로 고민 중이라면, 그다음은 '펀딩'이 아니라 '동료'를 잘 모으고 유지하는 일이 대표의 미션입니다. '누구'와, '무엇'을, '어떻게', '왜' 하는가의 우선순위를 정한다면, 제 경험으로는 '누구'와가 첫 번째, '왜'가 두 번째로 중요합니다. 이 두 가지는 대표의 숙제이고, 세 번째로 '어떻게'와 '무엇'은 동료와 함께 풀어갈 문제입니다. 특히 '누구'와 할 것인지가 스타트업의 7할 이상입니다. '무엇'이 1번이 아닙니다. '누구'와 함께할 것인지가 다른 모든 것들을 바꿉니다. 더 멀리, 더 빨리, 더 파이팅하며 갈 수도 있고, 처음 목표한 곳이 아닌 더 좋은 곳으로 갈 수도 있습니다. 그러나 그 반대의 일도 생깁니다. 반드시 생깁니다. 제 경험으로는 다음을 기억하시면 좋겠습니다.

좋은 동료가 되기 위한 준비가 됐다면 당신은 창업할 준비가 됐습니다. 좋은 동료가 되어주세요.

창업을 결심한 이상, 혹은 창업 멤버로 참여하기로 한 이상 '이것은 나의 선택이며, 앞으로 어떤 일이 닥쳐도 누구의 탓도, 사업 환경의 탓도 하지 않겠다'라고 초심을 굳게 세우고 시작하시기 바랍니다. 그렇게 굳게 다짐하지 않으면 시작과 동시에 바로 욕이 나올 거라서 그렇습니다.

대표가 지치면 회사가 지칩니다. 지친 창업가는 치졸해지기 쉽습니다. 게임에서처럼 HP(체력) 세 칸은 어떻게든 남겨놓아야 합니다.

모든 계획은 시작 휘슬과 함께 전혀 들어맞지 않을 겁니다. 그래도 달려야 합니다. 손에 손잡고 벽을 넘어서.

창업가의 길을 가시면 우리는 아마 어느 능선에선가 만날 겁니다. 각자 전혀 다른 산을 오르고 있지만, 창업가는 다른 창업가를 존경하고 이해합니다. 그 길에 올라 돌이켜보면 제 이야기가 전혀 도움이

다르게 발명하는 일

안 됐을 겁니다. 각자 자신만의 리더십이 있을 테고, 제 경험도 그저 수만 가지 루트 중 하나일 뿐이기 때문입니다. 그러나 왜 이런 이야기를 했는지 그 마음은 이해하며 서로 등을 두드려 주게 될 겁니다. 건투를 빕니다.

"당신은 어떤 산을 오르고 있는가?" 하고 물으실지 모르겠습니다. 에스투더블유는 어떤 산을 오르고 있는지 답해보겠습니다. 에스투더블유의 구성원들이 공감하는 미션은 이렇습니다. "신기술이 가져오는 부작용을 막아보자", "기술에 취약한 곳을 기술로 보호하자" 그리고 "사회를 나아지게 하는 일로 돈을 많이 벌고 번 돈을 다시 의미 있는 일에 쓰자".

새로운 기술이 세상을 바꿉니다. 그 말은 맞습니다. 그런데 좋은 쪽으로만 바꿀까요? AI, 블록체인, 자율주행, 로봇, 우주산업, 나노 및 양자 기술… 엄청난 기술들이 우리의 생활과 건강, 삶의 질을 바꾸고 환경에도 영향을 줄 것이란 건 자명합니다. 뒤처져서는 안 될 것 같고 기대도 되고 걱정도 되고 희망도 보이는 그런 변화들. 전부 다 인간이 만들어내고 있는 변화입니다. 단, 지구에 사는 단 한 종의 생명체가 '기술'이라는 도구로 바꾸고 있는 일들입니다. 이 변화의 방향은 비가역적이며, 변화의 속도는 기하급수적으로 빨라지고 있습니다.

그중에서도 특히 AI는 기술 개발을 돕는 기술입니다. AI 시대가 열리면 모든 기술은 더 빠르게 질주하게 될 겁니다. AI 자체가 하나의 기술로 여겨지고 있지만, AI의 진정한 힘은 사실 모든 기술의 발전 속도를 높이는 '기폭제'라는 데 있습니다. 임계점을 넘으면 터미네이터가 출현하고 인류가 스스로 만든 AI에게 지배당할 거라는 이야기까지 가려는 건 아닙니다. 우리 팀은 그저 우리가 가진 기술력으로 이 방향을 최대한 긍정적인 쪽으로, 안전한 결과가 있는 쪽으로 만들고 싶다고 생각합니다. 엔지니어의 힘을 믿는 팀, 과학도가 해야 할 일은 엔진을 감당할 만한 고성능의 브레이크를 만드는 일부터 해야 한다고 믿는 팀입니다.

우리가 잘하는 것부터, 우리가 제어할 수 있는 영역에서, 그리고 사업이 영속성이 있으려면 수익을 낼 수 있어야 하니 브레이크에 대해 가치를 지불할 수 있는 고객부터, 피해를 막기 위해 혹은 통제력을 갖기 위해 고객이 지갑을 열 수 있는 사업부터 해나가는 것이 우리가 택한 산이었습니다. 우리가 오르는 산은 '데이터'로부터 '인텔리전스'를 만들어내는 영역입니다. 데이터를 탈취하고 조작하는 기술에 대항하는 일, 데이터의 가치를 한층 높이고 AI로 하여금 제대로 활용할 수 있도록 하는 일, 이런 일에서 보람과 긍지를 얻는 동료들이 에스투더

　　　　　　　　　　　　　　　　　　　　다르게 발명하는 일

블유에 모여 있습니다.

데이터 인텔리전스가 왜 중요하냐고요? 인공지능이 무엇을 할 수 있는지를 논하기 전에 인공지능이 공학적으로 무엇인지를 생각해보면, AI는 백지 상태의 무한한(천문학적 단위로 집적된) 인공 신경망입니다. AI는 뇌가 지식을 저장하고 자극에 반응하는 모델을 전자적으로 구현한 무한에 가까운 인공 뉴런입니다.

이 백지상태의 뇌는 무한의 학습 능력, 이해 능력, 지각 능력을 가지고 있다고 볼 수 있으나, 학습이 시작되기 전에는 그냥 높은 가능성을 가진 머리가 텅 빈 영재라고 비유할 수 있습니다. 이 친구에게는 무엇을 어떻게 가르쳐주는지에 따라서 비상한 능력을 가진 어떤 분야의 석학이 될 수도 있고, 프로게이머나 군사작전 사령관, 공장장 등이 될 수도 있는 강력한 잠재력이 있습니다.

AI를 가르치는 선생님이 '데이터'입니다. 양질의 데이터는 양질의 AI를 만들고 편향된 데이터는 편협한 AI를 키워냅니다. 우리에게 주어진 이 엄청난 백지 상태의 영재는 '데이터'를 누가 어떻게 무슨 목적으로 가르치는지에 따라서 인류를 지키는 수호천사와 같은 존재를 만들 수도 있고, 헬게이트를 열 수도 있습니다. 소설이나 영화 속에 종종 등장하는 스토리, 본인도 모르는 엄청난 잠재력을 지닌 인물이 어떤 스승을 만나는지에 따라 흑화 되기도 하고 정의의 편에 서기도 하는 그런 시스템이 AI라고 비유한다면, 데이터 인텔리전스는 AI가 어떤 선생님 밑에서 어떻게 배우는지에 대한 부분을 다루는 기술입니다.

다크웹을 학습한 AI는 범죄 전문가가 됩니다. 어둠의 세계에서 세상에 알려지고 싶지 않은 일들에 대해 말하는 자들의 언어에 통달하고, 인터넷의 뒷면에서 무슨 일이 벌어지고 있는지를 이해하는 능력을 갖게 됩니다. 그런 AI를 정의의 편에 서게 만들려면 일단 AI의 능력이 출중해야 함은 물론이고, 이 AI가 악의를 가진 자들의 손에 들어가더라도 범죄를 조력하는 역할을 하지 못하게 학습시키고 설계해야 합니다. 에스투더블유가 만든 세계 최초의 다크웹 언어모델 다크버트가 그런 AI입니다. 다크버트가 편향된 사고를 갖지 않고, 주어진 일을 정확하게 수행하며, 범죄에 활용될 수 있는 정보는 학습하지 않도록 그 '교육 방식'과 '학습용 교재'를 만들어 공부시킨 게 에스투더블유의 개발팀과 인텔리전스팀이 한 일입니다.

데이터는 그 쓰임이 적절하게 설계됐을 때 비로소 의도한 효용을 발휘합니다. 특히 여러 속성의 데이터들이 결합하고 연동되어야 하는 일은 난도가 높아집니다. 사이버보안에서 제조, 금융, 경영, 국방에

이르기까지 사실상 모든 분야에서 'AI에게 무엇을 어떻게 가르칠 것인가?' 하는 문제는 '어떤 인텔리전스를 생산하는 AI를 만들어낼 것인가?'와 같은 이야기이며, 앞으로 우리 사회의 안전과 생산성에 직결된 일이 될 것입니다.

"데이터는 충분한가?"

"데이터는 안전한가?"

"데이터의 원천은 신뢰할 수 있는가?"

"데이터로부터 데이터를 만드는 일도 필요한데, 그 과정에서 편향과 왜곡은 통제 가능한가?"

"목적하는 인텔리전스가 명확한가?"

"AI가 무엇을 알아야 인텔리전스를 만들 수 있는가?"

"고객은 충분한 효용을 얻을 수 있는가?"

"고객이 튜닝하고 개선할 수 있도록 설계됐는가?"

"원하지 않는 잘못된 방향으로 사용될 여지는 차단되어 있는가?"

"오남용에 대한 안전장치는 충분한가?"

"고객의 실수, 내부자의 고의적 행위, 해킹과 같은 외부 공격, 재해 및 재난 등 어떤 상황에서도 AI가 위험한 결과를 내지 않도록 필요한 기술적 조치가 충분히 접목되어 있는가? 그 기술적 조치를 더 발전시킬 기술은 무엇인가?"

우리 팀은 이런 문제들에 대한 최선의 답을 내는 것이 '데이터 인텔리전스'라고 규정하고 있습니다. 이렇게 가다 보면 어디로 가게 될 것인지, 그 산의 높이는 어디쯤인지는 아직 정해지지 않았지만, 우리는 마음 맞는 동료들과 의미 있는 걸음을 하고 있고, 우리가 하는 일이 세상을 조금은 더 안전하고 건강하게 만들 것이라고 믿습니다.

"안전한 세상을 만들자"는 목표는 우리 팀 혼자서는 도달할 수 없는 거대한 산이라고 생각합니다. 같은 문제의식, 역량과 의지를 가진 다양한 팀들이 힘을 합쳐야 하며, 기업의 노력만으로 되는 일도 아닐 것입니다. 거대한 어둠에 맞서는 반지원정대처럼, 에스투더블유가 이런 큰 미션의 한 축을 맡는 듬직한 동료가 되는 날이 오기를 고대하며 이 글을 마칩니다.

'자기다움'으로 향하는 길목에서

이 책 《다르게 발명하는 일》에는 모두 여덟 명의 인터뷰이가 등장합니다. 그런데 사실 이 책에는 한 명의 인터뷰이가 더 숨어 있습니다. 그 마지막 사람은 인터뷰어로 참여한 저 자신입니다. 인터뷰어로서 인터뷰이에게 질문하고, 그 질문에 대한 답을 책으로 써내는 과정에서, 저 스스로도 그들의 질문에 답을 해보며 '셀프 인터뷰' 과정을 겪었기 때문이죠.

평소 미국 작가 캐럴라인 냅(Carolyn Naep)의 작품들처럼 객관적으로 자아를 탐색한 회고록을 좋아합니다. 그런데 역설적이게도 '회고를 위한 글쓰기'에 큰 도움이 되는 과정은 내가 아닌 '타인에게 질문을 하는 것'입니다. 남을 이해하기 위해 건넨 질문이 부메랑처럼 다시 자신에게 돌아오기 때문입니다. 타인과 나 사이의 답을 비교하다 보면, 내 삶에 있었던 고통에 대해서도, 성취에 대해서도 겸허한 마음이 듭니다. 그렇게 인간 내면의 보편성과 복잡성을 이해해나갈 수 있게 되는 것이죠.

에스투더블유는 제게 '숲' 같은 곳이었습니다. 인공적으로 깎아놓은 '식물원'이라기보다 다양하고 신기한 여러 종의 나무들이 제 모습의 아름다움대로 자유롭게 커가는 '대자연' 같던 곳이었어요. 저는 그 숲에 어떤 나무인지 모르는 채 입사해서, 제가 상상했던 것보다 더 단단하고 질긴 나무로 커갈 수 있었습니다. 때론 그 과정이 버거웠지만, 지나고 나니 제법 버틸 만했습니다. 버틸 수 있었던 이유는 이 회사의 안전한 조직문화 안에서 만난 여덟 분의 인터뷰이들과, 미처다 소개하지 못한 이 조직의 버팀목 같은 동료들 덕분이었다고 이야기하고 싶습니다.

여덟 분의 인터뷰이 중 한 분이 인터뷰가 끝나고 제게 이런 메시지를 전해주셨어요.

"지연 님은 공대의 숲에서 만난 흥미로운 나무 같았습니다. 제게 삶의 여러 관점을 보여주셔서 고맙습니다."

앞으로 저는 어떤 나무가 되어갈 수 있을까요? 사실 아직은 잘 모르겠습니다. 책을 다 읽은 여러분도 비슷한 감정이 아닐까 싶어요. 다만 한 인터뷰이가 전해주신 메시지처럼 저는 앞으로도 더 많은 사람들에게 삶의 여러 관점을 들려줄 수 있는 글을 쓰고 싶다고 다짐하게 됐습니다. 사회가 요구하는 성공 방식이나 남의 수에 흔들리지 않고, 저만의 글쓰기를 더 치열하게 해보겠다고요. 마치 에스투더블유가 자본주의 성공 방식을 역행하며 자기만의 방식으로 걸어간 그 길처럼 말입니다.

다르게 발명하는 일

제게 '다르게 발명하는 일'을 알려주신 이기욱 상무님, '울창하고 초연한 나무'가 되는 꿈을 꾸게 해주신 서상덕 대표님, 언제나 저를 오래 견뎌주시고 '계속 꿈꿀 수 있는 용기'를 부어주신 이유경 상무님께 다시 한번 감사 인사를 드립니다.

《다르게 발명하는 일》을 마무리하며 만약 여러분도 자신의 이야기를 하나의 액트(챕터)로 소개한다면 어떤 키워드일지, 자신에게 성공이란 무엇인지, 어떤 삶의 가치를 추구하며 어떻게 일할 때 만족과 기쁨을 느끼는지 상상을 해보신다면 더 바랄 것이 없겠습니다.

(이탈리아 돌로미티 전경, 사진: 이일웅)

다르게 발명하는 일

초판 1쇄 2026년 1월 21일

지은이 명지연
감수 서상덕
펴낸이 허연
편집장 유승현

편집부 정혜재 김민보 고병찬 이예슬 장현송 민경연
마케팅 한동우 박소라 김영관
경영지원 김정희 오나리
디자인 엔드디자인

펴낸곳 매경출판㈜
등록 2003년 4월 24일(No. 2-3759)
주소 (04557) 서울시 중구 충무로 2(필동1가) 매일경제 별관 2층 매경출판㈜
홈페이지 mkbook.mk.co.kr   **스마트스토어** smartstore.naver.com/mkpublish
페이스북 @maekyungpublishing   **인스타그램** @mkpublishing
전화 02)2000-2630(기획편집) 02)2000-2645(마케팅) 02)2000-2606(구입 문의)
팩스 02)2000-2609   **이메일** publish@mkpublish.co.kr
인쇄·제본 ㈜M-print 031)8071-0961
ISBN 979-11-6484-847-8   03320